蒙台梭利家庭教育解决方案
[全美官方版]

Real Montessori Education Starts at Home

真正的蒙氏教育在家庭

50个经典语言游戏
造就孩子表达力

[美]白玛琳
（Marlene Barron, Ph.D.）
[马来]骆思洁
（Jesmine Lok）◎著　郑 峰◎译

中信出版集团 · 北京

图书在版编目（CIP）数据

真正的蒙氏教育在家庭. 50个经典语言游戏造就孩子表达力 /（美）白玛琳，（马来）骆思洁著；邓峰译. --
北京：中信出版社，2017.5（2019.9重印）
（蒙台梭利家庭教育解决方案：全美官方版）
ISBN 978-7-5086-6910-6

I. ①真… II. ①白… ②骆… ③邓… III. ①家庭教育 IV. ① G78

中国版本图书馆 CIP 数据核字（2016）第 259838 号

真正的蒙氏教育在家庭：50个经典语言游戏造就孩子表达力

著　者：[美] 白玛琳　[马来] 骆思洁
译　者：邓　峰
出版发行：中信出版集团股份有限公司
（北京市朝阳区惠新东街甲4号富盛大厦2座　邮编　100029）
承 印 者：深圳当纳利印刷有限公司

开　本：787mm×1092mm　1/16　印　张：11.25　字　数：174千字
版　次：2017年5月第1版　印　次：2019年9月第10次印刷
广告经营许可证：京朝工商广字第8087号
书　号：ISBN 978-7-5086-6910-6
定　价：48.00元

目录
Contents

第二章 重要的阅读

第三章 开始写字

4

第四章 语言的输出

引言
Introduction

这本书可以指导家长教会孩子读和写，一如学习听与说那样简单自然。通过我们设计的这些活动，家长可以充分利用 2~10 岁这一关键成长阶段，在孩子从婴儿到幼儿的成长过程中，在走出襁褓接受正规教育的经历中，帮助他学习读写。对孩子来说，书页上的文字一开始不过是黑色的记号，但最终会变成有意义的词语——甚至还会自己造词。对于更大一些的孩子，这些活动可以和学校教育形成良好的互补。你将从中找到方法，利用生活中的琐事帮助孩子打好阅读与书写的坚实基础。

很多人以为，孩子就像空瓶子，大人要向里面"填满"他们将来需要的知识与技能。这种观点大错特错。孩子的生活环境中充斥着大量字词与符号，在天性和能动性的驱使下，孩子满怀自发理解周围世界的欲望，想要去理解每天浮现在眼前的字母、符号、语句、名称和广告语。不管处在哪个年龄段，孩子对语言都有一定的了解，而且准备将已有的知识运用到熟练掌握阅读与书写的学习过程中，这就和他学习走路、说话是一样的。

我们将教给家长，如何在日常生活中鼓励孩子运用多种语言形式，如何正确看待孩子今时今日的表现，为孩子取得的成绩感到欣慰。

书中的每项活动都可以练习听说读写。家长在尝试时可以适当改动，使活动更符合大人的需求以及孩子的能力。这样做的目的是让读和写充满乐趣，成为一种放松的体验，由大人和孩子一同分享。

活动背后的教育理念

首先需要明确的是，听和说是读与写的基础。孩子与他人交流得越多，学习读和写就越轻松。其次，读写能力（Literacy）这个词包含了语言的读和写。书中介绍的活动基于读写萌发（Emergent Literacy），根据全语言教育（Whole Language），引导孩子自然地学习。

另一个重要的理念是，学习语言是个社交的过程，由人来学，也要通过人学。语言不仅仅是字词，还包括视觉表征、非言语语言和感受。如果没人帮助孩子解读世界，语言学习就无从谈起。这就是为什么仅靠听电脑上的语音，孩子不能有效学习交流、阅读以及书写。

同样，书面语言也是一种媒介，而不只是文字。通过大量阅读、观察配图以及和他人讨论，孩子学着弄懂文字蕴含的含义——谁在说，说了什么，以及为什么说，这才是至关重要的。

怎样让孩子参与到读写学习中

这么说吧，孩子已经参与进来了！大人谈话的时候，身边的婴儿就会咿呀学语。同样的道理，在接触到书籍、文字、各种印刷品，还有纸和笔的时候，他就已经开始阅读和书写了。他会逐渐明白，大人能看懂这些字词表达的意思。他们看购物单、报告、广告，就是为了了解其中的含义、目的和功用。如果能接触到喜欢读书写字的成人，那么你的孩子也会想要读和写——就和学说话一样。

怎样实现活动收益的最大化

看到别人家的孩子表现优秀，听到老师评价自己的孩子差强人意，拿自己的情况往孩子身上套，害怕孩子做不好——家长碰上这些情况总会担心。别紧张！我来给你讲讲这些年告诉家长的事情，以减轻你的压力。

孩子变化很快。今天一个样，几个月后可能就是另一个样。你担心：他长得够不够快？够不够好？赶不赶得上别人？有些教育人士把孩子的表现列成表格，以便家长看到其处在成长的哪个阶段，和其他孩子进行比较。这是非常糟糕的一种做法！想要精确衡量孩子成长是不可能的，既没有好处也不科学。

从生理上说，孩子成长的速度各不相同。看看孩子朋友的个头儿就能知道这一点。同样，孩子在情感、社交能力、智力水平上的发展速度也是不一样的。你无须担心，而应该为自己孩子的成长、为他的与众不同感到高兴。你可能会问："我要怎么做？"这里给出几个基本的要点。

1. 理解孩子的成长过程

"她在咿咿呀呀地说话，但我不知道她在说什么。"可是你知道吗，孩子其实是在效仿大人的语言和节奏。这就是孩子学习起步的方式，他会和别人嘟囔，自言自语，甚至和宠物狗嚷嚷。最终，在孩子的咿咿呀呀中会出现一些音节，听起来和真正的词语差不多，而且涉及的词语会越来越多。

写字也有类似的过程。"她在写东西呢，"一位母亲告诉我，"写的一排排全是自创的文字，没有多少真正的字，主要是自己名字里的那些。等她念的时候，故事里又没有她的名字。""很好！"我说，"这就是她现在应有的水平。"我们管这叫"自创式书写"。她在用不完整的文字表达自己，还会把它们念出来。

2. 认可孩子的能力

如果说接受是种态度，那么认可就是把这种态度用语言表达出来。一般来说，要对孩子坚持读写的做法给予肯定，也要鼓励他正确看待自己的水平。

很多家庭遇到的一个问题是，孩子不知道大人没法念他自创的文字。可以这样告诉孩子："我不会念 4 岁孩子的字，就和你不会念大人的字一样。所以，我念大人的字给你听，你把 4 岁孩子的字念给我听。"如果他忘了自己写的是什么，大人就告诉他"编一个"。如果你愿意，还可以解释，有的时候就连大人也会不认识自己亲手写的东西。

3. 榜样，榜样，榜样

孩子会模仿周围的人。如果家里有人说法语，孩子也会学着说法语；如果家里有人说中文，孩子也会学着说中文；如果看到爸爸妈妈和爷爷奶奶都在读书写字，孩子也会照做。想让孩子喜欢学习，你就必须先树立榜样。你要有学习的表现，可以学做一道新菜，学习一项新技能、一件乐器；也可以在博物馆里阅读展品的标牌，了解艺术家的生平及其所处的年代。具体学什么并不重要，重要的是你能从学习中体验到快乐。这就传递给孩子：人人都在学习，这是一件快乐的事情。如果大人自己都不听不说、不读不写，那孩子凭什么想要听说读写呢？

4. 交流是读写的重要一环

和婴幼儿交流有难度，和 3 岁大的孩子交流也不例外。通常大人会觉得都是自己在说。没关系。孩子需要先听到大量的语言，然后才能讲出话来。他们需要听到正确的语言——发音正确，语法也正确。交谈是最有效的语言训练方式，可以增加孩子的词汇量，有助于学习新的概念，学会表达自己的感受。你应当每天尽可能多地与孩子交流。那些主动和他人交流的孩子，入学时就会具备读写所需要的技能。

5. 多讲故事

不管真实的还是虚构的，讲故事都非常重要。讲讲家里真实发生的故事，也讲讲编造的故事。故事有没有趣，有多么夸张，这都没关系。讲故事（念书）时开头这样说：“这是一个真实的故事，发生在奶奶年轻的时候。”或者，“这是一个我自己编的故事，不是真事。”

等孩子迷上听故事，鼓励他讲讲自己的故事，可以是和阿姨一起去市场，也可以是在花园里玩玩具。实际上，孩子玩布娃娃、玩具火车或积木，都是在创造故事。鼓励他讲出来：“你用积木搭的这个房子有什么故事？”最重要的是，要欣赏他的故事。孩子今后的写作能力就与这些故事息息相关。

6. 增强孩子的自信

谁说了算？要是孩子搭的积木、做的手工，自然是孩子说了算。对待孩子的任何作品——不管是画画、写字还是什么，都要抱着编辑与画家或作家交流的态度。这不仅有助于孩子尽可能清晰地表达想法，创作丰满的作品，而且有助于他享受这一过程，产生愉悦感。孩子不高兴就不会学了。家长可以这样鼓励：

“这里有很多红颜色，你想画什么呢？”

“画得真漂亮。给我讲讲这个故事好吗？”

“这个故事真精彩。”

“我喜欢听你讲和奶奶去动物园看熊的故事。我们怎样才能把这个故事保存起来呢？”

“谢谢你给我讲这个故事。写这么一大段肯定不容易！”

注意，不要评论字词的用法，也不要评判某一事物“该是什么样”，更不要对一段故事或一幅画给出解释。家长要做的是，听孩子给你解释他的作品，并据此做出评论。你要做孩子的支持者。

7. 大声读，还要讨论！

读书时要大声念出来，并讨论其中的内容。给孩子念书的过程中，可以停下来问孩子问题，回答孩子的问题，或者解释某个词的意思。“这本书让你想起了什么？”“你觉得后来会怎么样？”问问孩子最喜欢哪部分内容，或者对这本书（或某一页的内容）有什么感受。记得分享你的感受与观点。使用这样的话语：“最让我感兴趣的是……”“我喜欢故事的这个部分……”“真吓人！”

谈谈一本书让你想起的其他故事和知识。读同一主题的多本书，从不同的角度看问题。在网上搜索一个主题，念一念不同作者的不同看法。这是学习科学最简单的方法，比如学习动物和植物的知识。

别忘了诗歌和歌曲，把这两者加入平日的读写训练中。唱一唱你小时候学过的歌，唱一唱你最喜欢的电影插曲，读一读古诗和现代诗。

可以看照片或图画编故事。你要鼓励孩子进行创作，以培养理解能力，丰富词汇。

总而言之，要和孩子交谈，给他唱歌、讲故事，和他一起大声读。

8. 玩语言游戏

玩一些简单、有趣的游戏。用没有什么意义的词来押韵。把词拆开或者合并在一起组成新词。用没有意义的音节替换单词中的某个部分。这可以增强孩子听的能力，更好地理解语言是怎样结合在一起的。从长远来看，这样做有助于孩子具备更强的读写能力。

9. 鼓励孩子提问、思考

学习提问的艺术。“我想知道……”“如果……怎么办？”“……怎么样？”问开放式的问题（以“为什么”“怎么会”“如果”“你怎么看待”这样的词发问，而不是问那些只用“是”或“不是”就可以回答的问题）。开放式的问题需要孩子思考和想象，这同时也开启了新的学习机会与新的可能性。

10. 向孩子明确表达自己的想法

说说你每天做的事，解释你在做什么，为什么要这样做。没有这种体验，孩子看到的只是最终的成果，会觉得“奶奶太了不起了，她无论做什么事情都能做得很好，太神奇了”。鼓励孩子谈论自己做事的新方法，并及时给予认可：“你想出了新方法！”

和孩子一起朗读

和孩子一起朗读，是提高孩子读写能力最有效的方式。通过听故事，孩子学习语法和词汇，发展音位认知，学到字体的概念——这些都与学习读写有着紧密的关联。同样重要的是，朗读可以在家长和孩子之间生发出一种温情，使之与书联系在一起。孩子对书的热爱也就此培养起来，而且将持续一生。

怎样知道朗读是有效的？

当孩子表现出下列行为时，家长便可认为朗读是有效的：

· 保持对故事的兴趣；

· 把故事和自己的经历联系起来;
· 描述插画的内容;
· 问有关书中内容和词汇的问题;
· 在朗读之后自己独立“看”书。

读些什么?

各种印刷品、路上看见的一切都可以读出来:公共汽车上的广告;橱窗上的特价信息;书;电脑、平板电脑或者智能手机上的文本;广告牌;杂志;市场里的指示牌;食品包装上的标签,等等。

书分两大类:知识性的书和虚构性的书(比如故事书)。朗读这两类书的体验是不一样的。

知识性的书包括:字典;电话簿;与鸟类、树木、花朵、海洋、沙漠、鱼类、恐龙、火车等有关的自然类书籍。电脑上搜索出来的信息、诗集和歌谣也属于这一类。不管是哪种,都不需要从第一页一直读到最后。你可以随时开始,随时结束。朗读这类书的目的是弄清楚相关问题的基本情况。

虚构性的书包括:故事书、章节书和大人看的小说等。这些书需要从第一页读到最后,跳着读是不可行的。

什么时候读?

任何时候都可以。早上、晚上都可以读。

用哪种语言读?

有家长问:“想让孩子掌握两门语言，但我们只会说中文，该做些什么? ”那就用孩子的母语（中文）读。如果家里有人懂另一门语言，也要用那门外语朗读——在孩子听过母语版的故事之后。有意思的是，研究证实，用孩子的母语朗读对学习两种语言都有很大的好处，已经学会的知识可以轻松地迁移到另一门语言。

用第二语言朗读的家庭，孩子问问题或者看图片做出回应时可能还是用母语。这很正常。如果孩子能听懂，成人可以用第二语言回应，也可以用母语。这样做的目的是，让孩子保持对故事本身的兴趣，理解读的是什么。

对朗读来说，最重要的一点是家长与孩子积极参与进来，并享受其中。这种体验是非常重要的。

怎样大声读?

怎样朗读才是成功的? 知识性的书与虚构性的书不同，所以朗读时需要运用不同的策略。

故事书：手边备 3~4 本，让孩子自主选择。

先看一遍图画。大人带着孩子浏览整本书，不用读文字，只讨论图画。目的是引起孩子的兴趣，“想知道讲了什么事情”，同时介绍一些新词汇。

- 指出新词汇，鼓励孩子跟你一起读。
- 请孩子描述每张图画。“你看到了什么? 啊，这个叫作……”
- 问有关词汇的问题。“你能在这幅图里找到那只黄色的鸭子吗? ”
- 讨论每一页。“你觉得会发生什么事情? ”孩子作答后你要回应:“嗯，好想法……

有意思的设想……”

- 将字词和动作联系起来。给孩子看鸭子的图片，唱有关鸭子的歌曲，学鸭子走路，学鸭子叫，以帮助孩子理解整个故事。
- 给孩子能操作的玩具。洗澡的时候，让他给塑料鸭子也洗洗。
- 用纸或橡皮泥做一个故事中的角色。

然后慢慢地用中文，也就是母语，读书里的文字，一页一页地读。和孩子讨论故事，看是否和刚才描述的图画一致。如果有木偶或其他玩具，把书中的内容表演出来。家长适当评论，鼓励孩子评论。就图画提问，问题应当是开放式的："你觉得这幅画里的 XX 心里是怎么想的？""你觉得接下来会发生什么事情？"

不要急着一次读完一本书，使用书签做标记。以后再读这本书的时候，问孩子是不是想从头开始。记住，孩子想要学习阅读，关键就是要有吸引力和兴趣。

知识性的书：让孩子决定想要了解什么。如果孩子年龄较大，可以念念目录，读几段书中的内容，以便选择。孩子年龄较小或者挑不出来，你可以把书翻到某一页，看上面的图片，边看边大声惊叹："天哪，看这个！居然还有这种事情……"多数知识性的书都会在图片旁边或页面下方附有说明，要和孩子一起阅读，并仔细看图、加以讨论。

如果通过网络获取信息，可以把图片和文字彩印下来，集合成册交给孩子。

坚持很重要！

知识性内容：这类内容中的信息是真实的。因此，很重要的一点是，把你看到的或读出来的和实际生活中的事物联系起来。当然，书中的东西并不总能在现实生活中找到，比如活的恐龙。但是，你可以在自然历史博物馆找到实际大小的复制版，或者在玩具店找到小小的塑料模型。然后按照书中的介绍手工制作一个，帮助孩子生动地理解实物。做模型的时候要注意细节——鱼要有鳃，马蹄是什么形状，等等。同样，孩子也可以根据内容画图。按自己的想法画出来，他们就能学到新的词汇——这些词汇正是知识性内容所涉及的。

根据孩子的技能水平，你还可以鼓励他创作实物的三维模型。几年前，纽约市一所蒙台梭利学校的几个孩子，在查找图片、翻阅参考书后，按照某种鲨鱼做了一个实际大小的三维模型。非常了不起！有的孩子还制作了一本关于这条鲨鱼的小书，介绍了它的食物、活动场所、繁殖方式等。他们把自己的鲨鱼项目展示给班上的其他同学，这很快带动班上同学翻找资料书，查找有趣的动物和鱼类。这种事情会发生在你家吗？希望你们能做到。

故事、诗歌、儿歌：一个故事给孩子大声读过几遍后，就可以鼓励他用木偶、洋娃娃等道具表演出来。这种表演可以鼓励孩子使用新词，引导他在更深层次上理解书中的情节和角色。另外，你还可以引导孩子把书中最喜欢的部分画出来。最终，当这个故事完全成为孩子自己的故事时，他就会修改结局，或是增加角色。这样做的目的是让孩子从文字中找到乐趣。

孩子选择自己喜欢的书，并“假装”看这本书，说明你已成功地帮他养成了阅读习惯。重要的是记住一点：假装阅读的行为同样具有至关重要的意义。孩子这样做是在练习阅读。练习阅读就是学习阅读的方式。

关于书中的活动[①]

书中的活动都是我自己学习语言教育理念的总结，可以帮你在任何情境下展开读写练习——无论在家里还是户外。这些活动包括游戏、日常小事、手工以及表演，共分为四章：

- 第一章：营造合适的氛围。这些活动通过日常行为，给孩子创造接触书面语言的机会。
- 第二章：重要的阅读。这些活动有助于培养孩子对阅读的兴趣，培养熟练阅读的能力。
- 第三章：开始写字。在这里你能找到不少思路，把写字融入孩子的生活。
- 第四章：语言的输出。这些游戏和活动有助于孩子把语言和动作、家务事等联系在一起。

家长没必要按照先后顺序进行，可以随意选择。一般来说，最好选择那些吸引你和孩子的活动，每章都选一些，看看哪些和你们做过的事情最吻合，然后进行调整、改动，使其成为你们自己的活动。建议在家里辟出一些识字写字的区域，准备好材料，和孩子参与到书中介绍的活动中。

· 手工区：要准备各种手工工具——记号笔、蜡笔、彩纸、铅笔。

· 表演区：要有洋娃娃、乐高一类的积木、木偶、塑料小动物、玩具汽车，以及其他的小道具。

· 阅读中心：要有各式各样的书、木偶。此外，家里应该随处可以看到书，至少起居室、书房、孩子的卧室里要有。

---

① 书中的活动若涉及小零件的使用，家长务必监护孩子操作，以免发生意外。——编者注

第一章

营造合适的氛围

Creating the Right Atmosphere

我们往往想不到，只要有了合适的环境，即便是非常小的孩子也能培养其技能，把事情做好。

——玛丽亚 · 蒙台梭利

想要给孩子提供各种各样的读写机会，就为他做一顿“读写大杂烩”。这部分介绍的“食材”能为孩子打造一个培养读写能力的环境。你或许已经接触并采用过一些方法，这里安排的活动提供了帮助孩子探索语言的新方法。

这部分主要关注家庭生活，介绍如何利用日常生活中常见的智能手机、平板电脑、电视、玩具、书籍等工具，以及坐车出行的机会，鼓励孩子写字和阅读。

1 冰箱上贴什么？

What's on the Refrigerator?

谁来决定冰箱门上贴什么？

用这项活动帮孩子练习为全家做决定。

冰箱门可以成为家人分享事情的地方。

你需要

冰箱门；磁铁或胶带；可以贴在冰箱门上的物品

前期准备

想一下你是怎么利用冰箱门的。学生对自己在学校完成的手工作品，通常会：把它扔掉，当作礼物送给别人，或者带回家。手工作品带回家里会怎样？命运如何？谁来决定冰箱门上贴什么？

怎么做

1. 取下冰箱门上所有的物品，将其腾空。
2. 问问孩子："你觉得我们应该怎么利用这个地方？"
3. 和孩子一起决定冰箱门上各个区域贴放的物品。便笺应该贴在哪里？照片贴在哪里？手工作品呢？
4. 教孩子用磁铁在冰箱门上贴物品，贴什么都可以。
5. 让孩子把物品贴上去，在他需要的情况下提供帮助。

后续活动

· 聊一聊每个家庭成员贴上去的物品。问问孩子："为什么这件物品对你很重要？"
· 全家商量一下，上面的东西要多久换一次，怎样更换。

活动用意

家里的很多事情似乎都是围着孩子转。在孩子出生前，家长就制定了一大堆规则，但孩子并未参与到这个过程中。比如，在有些人家里，冰箱门是家长用来放置物品的地方，其中的确也有孩子的，但是家长决定哪些物品可以放上去。而这个活动是要孩子参与进来，把决定权交到他的手上，问问他有什么意见和想法。

进一步

在冰箱门上给家人留便笺，做出提醒或提一些建议：“还有 6 天奶奶就过生日了。”或者，“晚上想吃什么，比萨饼还是墨西哥玉米卷？把自己的名字写在想吃的食物下面。”

小提示

把物品从冰箱门上取下之后，建一个记录家人生活的收藏夹或剪贴簿。见活动 3：孩子的收藏品。

2 Personal Journal

自己的日　记

有天早上杰米给我看她的日记。在第一页上，
她用自己创造的文字写下了这样一番话：
“我 6 岁了。我会读书写字了。”
日记有助于孩子在书写方面培养成就感。

18

你需要

新笔记本；钢笔、铅笔、记号笔、蜡笔

前期准备

下定决心——

- 除非得到允许，否则不要看孩子的日记（如果做不到，就换一项活动）；
- 不要提要求；
- 不要提醒孩子写日记。

怎么做

1. 给孩子笔记本，告诉他这是专门为他准备的，随便写什么都可以。
2. 给孩子钢笔、铅笔、记号笔和蜡笔。
3. 让孩子自己完成日记，不要插手。

后续活动

如果孩子想要给你念日记，做一个心甘情愿的听众，不要做任何评判。

活动用意

写日记，就是让孩子明白，写字是一件愉快的事情，是表达内心的一种方式。把日记本交给孩子，其实就是告诉他一条非常重要的信息：“你可以用自己觉得合适的方式表达自己，而且不需要我的协助或指导。你想拿这个本子写什么，那是你自己的事情，随你喜欢。写了不看，或者与别人分享，都可以。”

如果孩子根本不写怎么办？记住，随便涂画也是书写。即便是很小的孩子，发现有可以写写画画的地方，也会很高兴。

进一步

建议孩子写写关于大自然的日记。孩子可以每周画一棵树，或是一株植物，也可以外出写生，画画小花小草、建筑物，或者任何能引发孩子想象力的事物。

小提示

- 就日记的题材给出建议。从猫咪的视角写篇日记怎么样？从金鱼的视角呢？从一棵树或一所学校呢？和孩子聊聊它们要是写日记会怎么写。
- 给孩子念念你写的日记。
- 给孩子念一些日记口吻的作品，例如《蚯蚓的日记》[（美）克罗宁/著，（美）布里斯/绘，陈宏淑/译]。

3 孩子的收藏品

A Kid's Collection

让孩子自己挑选

收藏　　研究　　重温

你需要

一本剪贴簿（可以直接从商店买；自己在家做的话，就把厚纸装订或缝在一起，然后加一个硬质封皮）；杂志、照片、报纸、生日贺卡、书皮；纸和铅笔；蜡笔；剪刀；胶水；胶带

前期准备

弄清楚孩子愿意收藏什么：是玩具图片、风景图片、人物照、宠物图片，还是吸引他的杂志广告、明信片，等等。然后为收藏活动制定一个目的：是了解有关动物的知识，是列出他想要的生日礼物，还是记录家庭大事。这项活动用一下午就能完成，也可以持续一辈子。

怎么做

1. 拿出剪贴簿，解释它的基本用途："这个簿子用来收藏，把要收藏的物品贴在这里面，就可以留存起来。"
2. 和孩子聊聊收藏什么。翻翻杂志和其他资料，想一个主题：动物、粉色的东西，或者漂亮地方的图片。也可以直接建议孩子贴他喜欢的东西。
3. 解释如何把图片从原来的地方剪下来，如何贴到簿子上，给孩子提供这项活动需要的工具。
4. 收藏品到底要如何排序，这项工作交给孩子。给他时间选择、剪裁、整理，用自己的方式分门别类。

后续活动

- 在孩子贴上去几样后，问问他贴的是什么。聊一聊他选择及分类的理由。
- 鼓励孩子今后继续往剪贴簿上添加收藏品。

活动用意

你是在鼓励孩子将混乱的东西分门别类，整理出来。这是非常重要的一项技能。整理归类并加以研究，孩子自然会学着用多种方式分类、区分物品，并给它们排序。要想看书，就要明白字、词、句之间有什么区别。更进一步说，还要搞清楚故事书、非虚构类书籍、期刊有什么区别。想分清这些区别，就必须具备分类的技能。更重要的是，孩子选择一组物品，并按照自己的喜好、想法排序，其实是在学习形象地表达自己。最终，在面对字词的时候，他也能做到这一点。

进一步

认可孩子对所收藏物品的兴趣，并给出回应。指出画片中物品在真实生活中的样子。找找明信片和杂志中的其他图片。最后，你可以借助互联网搜索，并打印出感兴趣的图片。

不建议一开始就用互联网。孩子应先收集看得见、摸得着的物品，然后再进入较为抽象的网络世界。

小提示

和孩子分享你自己或者其他家庭成员的收藏品。聊聊你选择的物品。如果孩子感兴趣，你们可以一起往里添加新的收藏品。有些物品不适合用剪贴簿收藏，那么就想一想收藏的其他方式。这项活动的真正意义在于收藏和分类的过程。

Moveable Cards

4 识字卡片

想一想，孩子一生中要看多少文字。

你需要

8~10 组基本字卡片，每个字都要有 3~4 张；还要准备一个宽敞、平整的地方摆放，比如地板、桌面

前期准备

让孩子翻看一些卡片，读一读，玩一玩，或者把它们堆起来。

怎么做

1. 把卡片散放在平整的桌面上，不要堆叠在一起。
2. 选一个字。
3. 用手指描这个字的笔画。鼓励孩子也这样做。
4. 找出字相同的另一张卡片，直至全部找到。
5. 让孩子选一个字来描笔画，并找一样的卡片。
6. 继续选字描笔画，把所有的字都找完排好。

后续活动

- 拿孩子手里的字和你手里的字做比较，看看相同点和不同点。
- 告诉孩子你选的字怎么读。
- 在孩子学习的过程中，慢慢加入新字。
- 把有相同偏旁部首的字排成一列，排出一个简单的柱状图，看看哪些字最多。

活动用意

识字卡片对孩子有很多帮助。它让孩子熟悉字的形状和含义，且不用进行排序，不用担心出错。孩子在玩这些识字卡片时所摆弄的“素材”，也就是文字，其实和李白、张秋生等文学家使用的“素材”是一样的。当孩子开始用字词造句时，他就会明白遣词造句的顺序是可以变化的，可以按照自己的意愿进行。基本的字人人都会，但用的方法却不一样。识字卡片可以让孩子高兴、愉快地接触文字，而且非常安全。

进一步

用文字给孩子留信息。等待孩子自己发现信息，将其注意力引导到文字上来，并读给他听。这个过程主要是让孩子明白文字在生活中的重要性。

小提示

选孩子明白意思的字。使用可以描述“他有什么”或者“他做什么”的词。

5 The Daily Mail

日常邮件

来信了！
信箱就像一座
藏着阅读资料的金山，
把里面的宝藏交到孩子手中。

你需要

一天的邮件，包括书信、杂志、报纸以及垃圾信件

前期准备

等待邮件，聊聊它是怎么来到信箱里的。

怎么做

1. 让孩子去拿邮件，看一看里面都有什么。提一些具体的问题："报纸送来了吗？有杂志吗？"
2. 按照报纸、杂志、书信以及广告把邮件分类整理好。
3. 帮助孩子在每一类上都贴上小标签。如果孩子刚学写字，由大人来写；如果孩子有经验可以自己写。
4. 查看信件的外观。看看邮票。念一念邮戳："看！这封信在路上走了 4 天。"
5. 让孩子打开信封，一起大声念出信件的内容，和孩子分享你的想法。"看，这周香蕉特价。我们要不要买点儿？"

后续活动

· 没用的信件、信封、订单都放在盒子里给孩子保管，这样他就能用来写字了。
· 讲讲信件从商店或物业中心到你家信箱的过程。谁负责送信？信什么时候到？

活动用意

邮件是把人和世界连接起来的一种重要工具，而连接的具体方式就是读和写。整理邮件的时候，孩子会看到不同的笔迹。讨论邮件的时候，孩子会明白书面沟通的目的。“这是物业管家寄来的信，他们说下周要来修窗户。”让孩子给邮件分类，贴上标签。这种方式可以让孩子懂得写字的用处，而且也练习了分类。

进一步

给孩子演示，电子邮件是人们相互联系的另一种方式。告诉他电子邮件和传统邮件一样，也分为广告、个人书信、账单、报纸等几大类。

分享计算机出现前，大家使用传统邮件的故事。聊聊书信从一个地方邮寄到另一个地方要多长时间。

小提示

可以把保留下来的特殊信件作为剪贴簿中的素材。见活动 3：孩子的收藏品。

6 把任务列成表！

Take This Job and Chart It!

图表可以向孩子传达这样的意思：
“我知道现在你能自己完成这件事了。”

你需要

纸、铅笔、蜡笔或者记号笔

前期准备

想想孩子能做什么：能自己刷牙吗？能自己画画然后收拾画具吗？选一件孩子常做的事情制成图表。对孩子来说，这张图表就相当于一把钥匙，可以提醒他做事的过程。

怎么做

1. 告诉孩子一项需要完成的任务。在他动手做的时候聊聊每个步骤："该刷牙了，你需要拿些什么？牙刷、牙缸、毛巾、凳子。还有呢？现在你要做什么？"如果有必要，给孩子示范这些步骤。
2. 然后告诉他："我知道，下次你就能自己动手了。"
3. 告诉孩子，你有办法帮助他记住这些步骤。在纸上画出表格，让孩子按顺序给每个步骤起名，并在后面画幅图，这样就做好了一张图表。如果孩子愿意，可以让他自己画。
4. 和孩子商量，找合适的地方把图表贴起来，方便对照查看。
5. 告诉孩子，再做这件事的时候，参照图表上的步骤，这样就不会忘记了。

后续活动

帮助孩子认识到，图表是一种工具，用来记住一项任务的过程。你可以建议："给喂狗这件事情做个表怎么样？"或者，"你用什么方法记住这件事呢？"

活动用意

把任务分解为步骤，孩子就明白了事情是如何做成的——开始、中间过程，以及收尾。开展这项活动的时候，要选择孩子已经熟悉的过程，这一点非常重要。这项活动的重点在于，在孩子做事情的时候，帮助他把过程分解为看得见的步骤。理解过程，也就是理解行为的先后顺序，对培养孩子的阅读、书写、算术等能力都是至关重要的。孩子理解了过程是如何完成的，就等于增加了自信。

进一步

如果孩子非常小，就只用图画来表示每个步骤的内容。等孩子知道了词语的意思，再给图画列出说明文字。

步骤可以修改。孩子忘了把牙膏帽盖上？和孩子聊聊这个步骤应该放在什么时候（刷牙前还是刷牙后）进行，然后一起修改图表。

小提示

在电脑上画图表。告诉孩子记录步骤还有其他的方式，让他选择或设计代表每个步骤的图片。

7 咱们聊聊吧！

Talk Me Through It

在你做家务的时候，孩子可以成为出色的助手，

而且他还可以从中学到很多。

你需要

你的一项日常活动

前期准备

你有事情要出门办理，又要照顾一个小孩儿。花一分钟思考，其实有不少方法可以让孩子参与到你做的事情中。

怎么做

1. 选一件你今天要做的事情。和孩子聊聊，解释为什么要做这件事，有哪些步骤，讨论怎样安排时间、用什么样的工具、要怎么做。假设要给书桌配一把新椅子，你可以这样说：
   “我想买一把人体工学椅。”（给孩子解释这个词。）
   “我们得逛几家店比较一下价格。”
   “试坐每把椅子，看看哪把最舒服。”
   “挑一把买下来。”
   “拿回家拆开包装。”
   “还得想想怎么处理旧椅子。”
2. 现在去办这件事。每个步骤都要让孩子参与，和他聊聊你在想什么、做什么，以及怎么做的决定。“我很喜欢我们昨天看过的一把椅子。你喜欢哪个？”解释你做决定的根据，言简意赅。
3. 让孩子切实参与进来，帮你量尺寸、拆包装，把椅子挪到位。
4. 每个步骤都要提醒孩子上一步是什么，下一步是什么。
5. 事情做完后，和孩子回顾整个过程，问问他觉得哪部分最有意思，对整件事情的感觉如何。

后续活动

鼓励孩子和别人讲述你们共同完成的事情，描述过程，这样他会对自己在其中扮演的角色感到自豪。

活动用意

给孩子解释、演示并让他参与到日常活动中，孩子就成了你的小学徒。我不再赘述理解事情的概念与过程有多么重要。通过这项活动，孩子获得了丰富的语言体验：他听到并使用新的词汇；他与不同的人交谈获得相关信息；他使用这些词语和你讨论。

进一步

让孩子把和你一起做事的经历写下来，或者画出来。这样他便可以回顾、向别人讲述整个过程，通过复述和记录加深理解。

你可以上网搜索各种“电脑椅”，念出描述信息，做一张表比较价格，甚至可以去实体店中考察，看看商品是不是和网上描述的一致。在合适的时候，帮助孩子学习比较，让他知道做决定前要把商品比一比。

小提示

不管是网购还是去实体店，都要把购物的步骤列出来。讨论这些步骤，然后写下来（或者让孩子写）。清单对孩子理解事情的过程有很大帮助！

8 Watching TV or a Tablet or Phone

屏幕时间

对你和孩子来说，电视到底是什么？
平板电脑、智能手机又是什么？
是带来欢乐的娱乐工具，是富含信息的宝藏，
还是精神鸦片？
这项活动适用于5岁以上儿童，
不鼓励较小的孩子使用电子产品。

你需要

和孩子一块儿看“屏幕”的时间；纸和铅笔

前期准备

定好时间，和孩子一块儿看电视、平板电脑或是智能手机，最多看半小时。每次选择不同的节目：你最喜欢的电视剧、孩子最喜欢的剧集、新闻、老电影……不过，不要想安稳地看节目。这是你为孩子解读屏幕上发生的事情的机会，因此需要做好详细讨论的准备。

怎么做

1. 选个一块儿看的节目。你可以说：“我想看电视节目，你和我一起看吗？”跟孩子约好时间。提前告诉他，看节目的时候，你要和他谈论节目内容。
2. 一起看节目。给孩子念屏幕上出现的文字。解释词语的意思：节目名称、节目前后字幕、广告语、电视台的标识、电话号码等。
3. 跟着电视里的音乐一起唱，鼓励孩子也这样做。过后让孩子帮你把喜欢的歌词写下来。
4. 讨论电视里的人不同的说话方式。人们对话时怎么说话？播报新闻时怎么说话？天气预报员怎么说话？电视剧里的人物怎么说话？这些有什么不同？听到有趣的口音、语言或是方言，要仔细听，然后给孩子指出来。
5. 聊聊广告。告诉孩子，人们创作广告，目的是希望卖出自己的产品。聊聊广告里在卖什么，讨论为了卖出产品在说什么、在做什么。
6. 延伸话题。聊聊你觉得这个节目是否真实。有必要的话给孩子解释：屏幕上的事情并不等于真实生活。
7. 节目结束时，关掉设备。

后续活动

· 聊聊你们看过的节目。
· 问问孩子：想再看一遍吗？为什么想看？为什么不想？

活动用意

这项活动有助于孩子理性看待屏幕上的节目，鼓励他谈论看了节目想到了什么、感受如何，让他明白节目是可以根据自己的喜好选择收看的。告诉孩子，屏幕时间已经成为我们文化中的重要组成部分。作为沟通工具，屏幕可以带来便利，也可以带来负面影响。和孩子讨论你的所见所闻，他就能明白，屏幕可以带来危害，可以受到质疑，也可以接受，带来愉快的体验，看得不高兴还可以选择拒绝。

进一步

和孩子一道做记录，写下你和孩子喜欢或不喜欢的节目、你想要尝试的广告商品、节目预告、一部好剧中的角色等。问问孩子想不想每次看节目都这样做记录。这种方式有助于接受新观点、新概念，并形成自己的观点，理解单词是怎么拼写的，以及记住看过的内容。

小提示

看节目的时候把你的感受表达出来。这不仅向孩子说明，好的电视节目和图书、游戏或自由玩耍一样有益，同时还向孩子表明，哪些节目是不值一看的。

Read to Me

9 念给孩子听

“你永远不及我富有：

因为我有一位念书给我听的妈妈。”

——《阅读的妈妈》，斯特里克兰·吉利兰

你需要

一本书；一把舒适的椅子

前期准备

想想你是不是给孩子念书。有些家长每天给孩子念五遍，有些根本不念。想想你对待和孩子一起阅读的态度，或许能让阅读体验变得更美妙。

怎么做

1. 问问孩子："我给你念个故事吧？"
2. 给孩子准备好书。他想要念什么，你就念什么，给他机会选择。
3. 开始念书，要念得有声有色。用你的声音设置情境、激发兴趣，塑造各种角色。即便念得不好也没关系。可以问问孩子不同的角色应该怎么说话。
4. 时不时地停一停，不用一气儿念完。孩子可以提问题，要求从头读、重读某一段，仔细看插画并进行讨论。
5. 如果孩子失去兴趣，或者想要停下来，那就停下来。说清楚这是他的书、他的时间。不要担心这本书会半途而废。（想想成年人是怎么看书的吧。我们也不是什么书都能看完，更不是一次就能读完一本书。）
6. 如果孩子要求，就再念一遍。也可以再念很多遍，只要他喜欢。

后续活动

· 聊聊你对这个故事的感受。有趣的部分要放声大笑，悲伤的部分要放声大哭。

· 聊聊作者使用的词汇、插图画家使用的颜色、新颖的设计（能立起来的书页）以及字体。

活动用意

想象两间教室各有一名老师，他们使用书的方式不同：一位老师过于看重书的摆放是否整齐，孩子们便不愿意去碰这些书；在另一位老师那里，书可以放在地板上、台阶上、桌子上等随便什么地方，孩子们便能随时拿起翻看。如果你也用轻松灵活的方式，经常给孩子读书，阅读自然会成为生活的一部分。

小提示

如果你以前没怎么给孩子念过书，或许孩子会对这项活动有些抵触。你可以对孩子说："我们就念一页（两页、五页）。""我们只是看看封皮，想象一下这本书的内容。""只要你不想听了，随时可以停下来。"在孩子要求停下来的时候，履行你的诺言！

10

Puppet Play

木偶角色扮演

你的孩子是不是
讲故事的小能手？
给他一个木偶，
你就会知道。

你需要

填色书；蜡笔；纸板；木条（冰棒棍）；胶带；胶水

前期准备

准备好做木偶了吗？和孩子聊聊做木偶的步骤，然后动手开始做。

怎么做

1. 让孩子选一本填色书，从里面挑一些角色（人物、动物或者他喜欢的东西），用来做木偶。
2. 邀请孩子给这些角色涂色。因为要把角色剪下来，所以不用给背景上色。
3. 把涂好颜色的书页贴在纸板上。
4. 把角色剪下来。
5. 把木条的长短修剪合适，粘在每个角色背后。
6. 用桌子或者椅子做木偶剧场。
7. 让孩子为这些角色创作故事，问问他想让你在里面扮演什么角色。
8. 在排练的时候，鼓励孩子按照自己的想法改编故事。
9. 找些观众。泰迪熊布偶就可以。
10. 演出开始了！

活动用意

木偶为孩子提供接触语言的机会。你和孩子一起改编、创作木偶戏，就是在帮孩子理解，语言可以运用于他设计的场景中。鼓励孩子构思、改编、表演一出剧，就是帮助他接触修改故事、表演故事的必要过程。

进一步

拿什么做木偶都可以：一张画像、一个毛绒玩具、一支铅笔、一条短裤（大人可以把短裤套在手上，然后模仿走路的样子），甚至一根香肠（试试，这是个很滑稽的木偶）。任何机会都可用木偶和你的孩子对话。我认识一位父亲，他趁着候诊的时间，在冰棒棍的两头画了两幅画：一头是生病的面孔，一头是健康的面孔。这让孩子精神起来，配合医生顺利地完成了检查，就连回家躺在沙发上养病，孩子对这两个木偶还念念不忘。

小提示

5 岁大的孩子可能会把木棍想象成一匹马，将小狗玩具想象成一头狼。较小的孩子可能只会把小狗玩具当作狗，所以你或许需要持续增加木偶，从而扩大演员队伍。

It’s for You!

11 电话，找你的！

鼓励孩子主动接触他人。

你需要

至少准备两部电话：玩具电话、老式手机、拨盘电话和按键电话，拿来假装电话的木头或塑料做的香蕉模型也可以

前期准备

安排几通专门打给孩子的电话。保姆在家带孩子的时候，家长打电话问声好，或是请朋友、亲戚打电话问候下。帮助孩子熟悉电话这种重要的沟通工具。

怎么做

1. 家长站在玩具电话旁，装作可怜地说："要是有人打电话来就好了。"看看孩子什么反应。
2. 当孩子拿起电话拨号的时候，家长拿起另一部玩具电话，要像真的在接电话那样说话。
3. 要入戏。不要看孩子，装作不知道是谁打来的："请问是哪位？"
4. 中断对话："我有别的电话打进来，晚点儿我给你打回去吧？"挂掉电话。
5. 给孩子打回去，邀请他来家里玩，定个日期。
6. 道再见后挂掉电话。

后续活动

电话铃"响"的时候，假装你是其他人，或者假扮答录机："电话无法接通，请稍后再拨。"

活动用意

电话是交流的工具，交流意味着至少要有两个人。孩子通常听到的只是电话一端的谈话，这样他就无法理解电话沟通的全过程，无法理解整个对话的意义，也无从知道电话沟通的其他要点。

进一步

丁零零！电话铃响代表有人给你打电话。救火车警笛则意味着“赶紧让路”！声音还会给出什么样的信息呢？鼓励孩子把这些信息组织成语言。蛐蛐叫是什么意思？汽车报警器响呢？按喇叭呢？狗叫呢？嗡嗡的安全带警示呢？

小提示

· 用玩具电话让孩子练习工作通话、社交通话以及紧急通话。
· 表演电话里的对话，其中一人装扮别人，或者两人都扮演其他人。
· 试着让孩子用文字记录电话留言。

12 专门写字的地方

A Place to Write

每个孩子都要有专门写字的地方，

写字的文具也要准备好。

你需要

不带格线的白纸；铅笔、蜡笔、记号笔；记事本；文件夹、带字母或文字的印章、信封

前期准备

给孩子准备一张儿童书桌，他会觉得拥有自己的书桌“太酷了”。如果空间有限，就想办法为孩子设计一块专门供他写字的区域。

怎么做

1. 告诉孩子，你要专门为他准备写字的地方。展示给他看。
2. 聊聊写字时需要的文具。和孩子一起列出来，包括最基本的纸和铅笔，当然还可以添加其他文具。
3. 带孩子去商店，购买清单上列出的文具。
4. 帮孩子把文具放在书桌上或者书桌旁。
5. 教给孩子文具的用法。比如，如何削铅笔、用橡皮，如何按圆珠笔上的按钮才能使笔尖伸出来。
6. 然后离开，留下孩子自己探索、试验、创作，最后展示成果，并与你进行讨论。

后续活动

- 等孩子写完后，敦促他把东西收拾好：铅笔插在一起，蜡笔归成一堆，纸整齐摆一沓。让他自己决定写的字怎么处理：扔掉、挂起来、送出去，或收藏起来。
- 给孩子文具作为奖励，或者他感兴趣的用品。

活动用意

洗澡有洗澡的地方，睡觉有睡觉的地方，吃饭有吃饭的地方。写字也是生活中的一件事，所以孩子也需要有专门的地方。另外，就像肥皂和毛巾放在水池旁一样，文具也应该摆放在适当的位置。写字不是什么大事，不过是一项日常活动。孩子形成了这样的认识，写字也就融为了他生活的一部分。

进一步

帮孩子把自己的作品分类，放入文件夹收藏起来。让孩子决定作品所放的位置。这可以将归类变成日常活动，鼓励孩子养成归类的习惯。

小提示

为孩子准备文具盒，存放铅笔、蜡笔和记号笔。有了文具盒，孩子会喜欢把文具倒出来归类、整理，也方便他把各种文具带到其他地方，比如候诊室、汽车里等。在你的或者孩子的包里装一本笔记本，这样就能走到哪里写到哪里了。

13 Unique Units

每个都不一样

就像吉卜林[1]那样，帮孩子领悟，
“世间万物是如此的丰富多彩……”
——《一个孩子的诗歌花园》，
罗伯特·路易斯·史蒂文森

① 约瑟夫·鲁德亚德·吉卜林（Joseph Rudyard Kipling，1865—1936），英国作家、诗人，诺贝尔文学奖获得者，出生于印度。主要作品有《丛林之书》（*The Jungle Book*）、《基姆》（*Kim*）等。——译者注

你需要

各式各样的勺子、杯子；两只大碗；可以盛在器具里的沙子、米、水、面粉、布丁等

前期准备

先收集物品。这里用杯子和勺子举例，你可以用任何孩子感兴趣的物品。这项活动也适合在户外进行。需要注意的是，有些人不习惯让孩子摆弄餐具。其实这些用具是不错的教学工具，尽可能尝试下。

怎么做

1. 把勺子、杯子摆在桌子上，让孩子观察、摆弄。
2. 让孩子告诉你他在做什么。谈论他的每一个动作以及感受。
3. 和孩子一起，比较这把勺子和那把勺子、这个杯子和那个杯子有什么不同。
4. 拿起杯子和勺子比较：哪个更沉？哪个更轻？哪个用起来更方便？
5. 拿两只大碗，在其中一只碗里盛满水、米或者面粉。
6. 告诉孩子分别用这些杯子和勺子，把一只碗里的东西舀到另一只碗里。尝试的时候引导他描述自己的动作。

后续活动

· 跟孩子讨论还可以用勺子和杯子做什么。给孩子演示，用金属勺子罩住鼻子也可以呼吸，然后罩住孩子的鼻子（勺柄冲下）。给他看金属勺子的正反面都可以照出自己的影子。挑一把勺子，放进装着多把不同勺子的碗里，让孩子把它找出来。

· 和孩子一起，把他尝试使用勺子的过程拍成照片，然后贴上标签，或者让孩子画出其中一段尝试过程，然后讨论。

活动用意

这项活动给孩子提供机会接触、利用不同的用具。孩子接触各种各样类似的用具，可以练习按照尺寸、功能、外观以及其他属性，对这些用具进行比较、分类、区别。和孩子谈论他的尝试，就是鼓励他用语言描述、猜测以及分析事情。同时，你也是在指导孩子运用双手完成特定的任务，就和写字一样。

进一步

拿出针线包，让孩子比较各种不同的针、线，或者比较工具箱里的各种螺帽、螺丝刀等。孩子会经历从生疏到熟悉的过程，然后聊聊你们的新发现。

小提示

· 让孩子把使用工具的经历记录在本子上，可以画出或描出工具，或者用自创的文字记录。
· 如果要使用大型工具，上网找到相关网页打印出来，把工具的图片剪下来。
· 去市场看看有没有更多种类的杯子和勺子。

14 听广播

Radio, Radio

你收听的音乐对孩子来说可能只不过是噪音，
但让他参与进来就不一样了。

你需要

收音机、电脑、平板电脑、手机

前期准备

打开收音机或平板电脑，问孩子："来点儿音乐怎么样？"或者告诉他："我要听天气预报。""我想听听前面路上是不是堵车。"这会把孩子调动起来，和你一起听。

怎么做

1. 调到一个台。告诉孩子你为什么要选择这个台："这个台放的爵士乐很好，我想你会喜欢。"或者，"这个台会定时播报交通情况。"如果你只是想来点儿背景音乐，就多调几个台，让孩子和你一起选择。
2. 一块儿听。发表评论，然后给孩子做节目预告："好了，到天气预报了。听听有没有雨。"或者，"嘿！披头士乐队！听他们唱的那一段……"
3. 一块儿回顾你们听到的内容。"嘿，天气预报说有雪！"或者，"嗯，我非常喜欢那首歌。"然后找合适的机会进行评论。

后续活动

- 聊聊你们听到的广告。如果正好经过刚才广播里提到的公司，给孩子指出来。
- 留意那些电台里播放的，而你手机里又碰巧下载了的音乐。
- 就你们听到的内容，聊聊你喜欢什么、不喜欢什么。

活动用意

你听过外语广播吗？它可能听起来不好理解，因为它没有话题背景，没有参照（外语电视节目至少能看出谁在说话，而且可以看图像猜测话题）。即便孩子会说外语，但电台用成人的口吻播报，而且语速很快，所以很难听懂。给孩子梳理广播内容的线索，就是为他打开这种沟通模式的大门，帮助孩子建立收听特定信息的自信。把从广播中听到的运用到实际生活中，就是把语言和生活联系起来。

进一步

鼓励孩子打造自己的电台。编一段比广播中听到的更好的天气预报。模拟电台的风格播报当天的新闻（家里的、社区的、学校的或者城镇的新鲜事儿）。假装使用麦克风。把你们的广播内容录下来。

小提示

简要讲讲收音机是如何通过声波和天线接收广播信号的：看不见的信号告诉收音机要播放什么样的声音；天线帮助信号传输，就像人们用手递东西一样。

Real Montessori
Education Starts at Home

第二章

重要的阅读

Mainly Reading

我们要帮助孩子学习新的概念，
但不能让他们觉得自己缺乏知识。
——玛丽亚·蒙台梭利

阅读是从符号中获得含义的过程。孩子指着街上大大的“M”标识，喊“麦当劳！”，这就是阅读；孩子手捧一本书复述里面的故事，这也是阅读；孩子看着字母，念出“EXIT”（出口）这个词，这当然还是阅读。但这些都和成人的阅读不一样。这部分活动就是引导家长和孩子一起大声读，进而鼓励孩子与阅读发展出更紧密的联系，最终达到像成人一样阅读这个目标。

Match It Up!

15 配对游戏

哪些东西可以放在一起？

哪些东西是不一样的？

你需要

10 块不同质地的布料：棉布的、绸缎的、亚麻的等；10 厘米 ×15 厘米见方的卡片若干张；一个鞋盒；胶水；剪刀

前期准备

准备两组完全相同的物品，让孩子利用某个感官找出来配对。这里介绍的活动要利用孩子的触觉。

怎么做

1. 把每块布料剪成两个 5 平方厘米大小的方块，总共剪出 20 块。
2. 把这些小方块分别贴在卡片上。
3. 在鞋盒盖子上剪个洞，要能伸进一只手。放进卡片，每种布料一片，然后把盖子盖住。
4. 给孩子一张卡片，家长自己拿一张。
5. 让孩子从盒子里取一张卡片。拿出来之前，让他感觉一下，盒子里的卡片和他手上那张质地是不是一样。如果不确定，就把卡片取出来，看一看，比较比较。
6. 如果是一样的，把两张卡片摆在一起；如果不一样，把拿出来的那张放回去。
7. 现在轮到你取卡片了。说说它摸起来是什么感觉，描述质地，把比较和思考的过程大声说出来。鼓励孩子也这样做。
8. 继续游戏，直到把相同的卡片都找出来。

后续活动

当你介绍完全部布料（见步骤 7），就说出一种，请孩子来摸摸，体会一下。

活动用意

寻找共同点（匹配），是阅读的关键。大多数人都有混淆相似文字的经历，我们通过经验了解它们的区别。判定什么相同，什么不同，这种能力将在孩子开始接触文字时给予他帮助。记住，要鼓励孩子讨论他给物品配对的标准。当你们讨论配对的时候，就是在谈论物品的属性，也就是决定物品相同或不同的特点。无论哪个学科，这都是非常重要的一项技能，对正在学习区分文字的孩子来说更为重要。

进一步

以下方法可以提高这项活动的难度。

- 只用棉的布料，而不用其他质地的布料。
- 两个人一起找一张卡片：一个人伸手在盒子里摸，描述方块材料摸起来什么感觉；另一个人看外面的卡片，看哪张和他描述的一样。

小提示

这个游戏也可以训练其他的感官。

· 味觉：比较棒棒糖和水果的味道，看看是哪种水果口味的。
· 嗅觉：给化妆棉蘸上不同气味的液体（香草精油、醋、薄荷油、酒精），然后和装在瓶子里的做对比。
· 听觉：用录音机录下声音，和图片中会发出这种声音的角色做配对。比如，“喵喵”声和图片中的猫来配对。
· 视觉：给纸牌、照片或公司标识配对。

16 找形状

Shape Finder

在纸上看到的形状其实就存在于日常生活中，

孩子能意识到这一点吗？

你需要

尺寸、形状各不相同的积木和玩具；一本空白的本子；铅笔；鞋盒

前期准备

先简单地评估孩子的能力，然后再准备这个游戏。

怎么做

1. 选四五块积木，或者四五件玩具。
2. 在空白本子上描出每件物品的形状，一页描一个。
3. 把玩具或积木放到鞋盒中。
4. 把本子和鞋盒拿给孩子，鼓励他找出和本子上形状相同的物品。

后续活动

- 和孩子聊聊这些画在本子上的形状，问问他觉得你是怎样画出来的。
- 让孩子参与在本子上描形状。
- 和孩子轮换找形状。聊聊你在找形状的时候是怎么思考的，描述形状，有多少个面，粗线代表洋娃娃的头发，以及其他可以用来区分的特征。把物品放在框线中，确认与线条形状相符合。

活动用意

把二维的画面和三维的物品相对应，这项任务难度较大，远高于找两个相同的三维物品，或是找两幅相同的二维画面。和孩子做这个游戏，他便有机会了解，真实世界与纸面世界之间的关联，将物品归为一类所参照的属性，以及如何将三维语言转换成二维语言，等等。理解二维画面是一种符号，代表着真实的物品，做到这一步，就可以逐渐理解书面语言代表事物、动作以及想法。

进一步

最终，当你在纸上写下“洋娃娃”三个字的时候，孩子看着字就可以去盒子里找洋娃娃玩具了。前面提到的画出形状是第一步。可以提高这个游戏的难度，在本子上画出形状，要求孩子在家中或者商场里找一找有这些形状的物品。三角形在哪里？哪里有直角？ 六边形在哪里？ 聊聊物品和形状的相同与不同，这就是将它们归为一类的依据。

小提示

用粉笔或蜡笔给物品描出宽边，使轮廓更明显，而不仅仅只是在本子上描线。

17 A Passion for Words

爱学新词

认识4岁的山姆前，对我来说，橙色的大车就是橙色的大车。现在我知道这里面还分挖掘机、推土机、铲车……如果孩子感兴趣，他就能记住各种复杂的词汇。

你需要

从图书馆找一本和孩子兴趣相关的书；拥有巨大的词汇量

前期准备

问问孩子："有没有什么是你想多了解一些的？"你或许知道孩子的兴趣所在。如果孩子对某一事物表现出浓厚的兴趣，家长就可以进行这项活动。

怎么做

1. 鼓励孩子问问题，问什么都可以。
2. 不要机械地回答。相反，你要说："我想想怎么找到这个问题的答案。"
3. 花时间观察或研究孩子感兴趣的东西。假如孩子感兴趣的是建筑工地，那就安排时间，看一看那里的工作。如果孩子对蚂蚁感兴趣，花半小时观察蚂蚁，甚至可以买个透明蚁箱近距离观察。
4. 讨论孩子观察的事物，比如建筑工地，使用和这个话题有关的新词汇：挖掘、隧道、混凝土等。

后续活动

- 给孩子找某方面的专家。如果他感兴趣的是蚂蚁，就去自然博物馆，和那里的人聊聊蚂蚁。如果他对工地感兴趣，就鼓励孩子和工人聊聊天。
- 让孩子就感兴趣的事情画一画、写一写。
- 去书店找一找和孩子的兴趣有关的书。和孩子一起选购，判断里面有没有你们需要的信息，然后一起付账。

· 用录像机记录下观察的过程。
· 运用照片、图片和文字，帮助孩子制作一本和他的兴趣有关的书。

活动用意

按照孩子的兴趣来，你要做的是启发他，让他多了解自己感兴趣的事情。最重要的是，认真地对待他的兴趣。儿童作家、插画作者汤米·狄波拉（Tomie de Paola）说，他 4 岁的时候对父母说想做一名艺术家，于是父母给他搭建了一个工作室。狄波拉将父母的这种回应解读为肯定——所有的孩子也都会这样认为。没有比这更棒的礼物了！

在跟孩子分享词汇的时候，你是在帮他细分世界。山姆的妈妈告诉他"挖掘机""铲车"这两个词，他就不会再管它们叫蒸汽铲了。他会分辨这两种不同的车，通过观察知道两者的区别。想象一下，当他能用词语来描述它们的区别时，该有多激动吧。

进一步

去银行或诊所时，请带上孩子。鼓励他听听你的问题，帮助你一起搜索，学习你使用的词汇。什么叫信息查询？什么叫抗组胺剂？什么叫定存账户？这些都是生活中要接触的，和孩子分享吧！

小提示

很多书都会列出词语索引。可以看看理查德·斯凯瑞（Richard Scarry）的作品，或者《先学会的 1000 个词》（the *First 1000 Words* ）系列。

18 Poetry in Motion

让诗动起来

静夜思

李白

床前明月光，疑是地上霜。
举头望明月，低头思故乡。

你需要

书上或网上的诗歌；大张的纸；蜡笔或记号笔

前期准备

和孩子分享一两首诗歌，反复背诵、吟读，或聊聊书中诗歌的插画。这个活动是学习诗的一种方式，也可以用它学习更多的书面语言。

怎么做

1. 和孩子一起选首诗。你可以问："今天你想听哪首诗？我们要把哪首诗写下挂起来？"
2. 让孩子背诵，或是在你往纸上誊写的时候，让他接下一句。
3. 如果孩子愿意，让他把诗中描绘的情景画出来。
4. 一块儿选个地方把诗挂起来。

后续活动

- 一块儿背诵写下来的这首诗，忘记了就看看之前挂起来的那张纸。
- 把大张的纸放在方便找的地方。让孩子推荐其他的诗歌，写下全部挂起来，或者用新的替换旧的，把旧诗保存起来，以便孩子随时翻看。

活动用意

把孩子能念下来的诗写在纸上，是一件重要的事情。孩子看到挂起来的字词，背诗，这就是阅读；你把孩子背诵的诗记录下来，这就是书写。如前所说，你把书面语言和日常生活联系了起来，用韵律、乐曲让生活变得更丰富。诚然，每个社会都有自己的诗歌以及流行文学，对于儿歌来说，无论哪一种，几乎在所有文化中都可用来安抚孩童、引发孩童的兴趣、与孩童交流。与孩子分享诗歌，就是把他带进了文学的殿堂。

进一步

找一首诗，和孩子一起朗读。在每一句倒数第二个字的地方停下来，指着最后一个字，让他自己念出来。记忆会帮助他完成朗读。而且，看着你所指的文字，加上他自己的声音，有助于孩子把口头语言和书面语言联系起来。

小提示

延伸阅读：

· *Raffi Singable Songbook*，Ken Raffi，Crown
· *When We Were Very Young*，A.A Milne，Dutton
· *The Earth Is Painted Green: A Garden of Poems About Our Planet*，Barbara Brenner，Scholastic
· *The Baby's Bedtime Book*，Kay Chorao，Dutton
· *Where the Sidewalk Ends*，Shel Silverstein，HarperCollins
· 金波作品集
· 古诗三百首
· 中国经典儿歌等

19 坐车也可以抽空阅读

Driving Around Reading

坐在车上的时候，

孩子也可以学习阅读。

你需要

路边的标识

前期准备

非常小的孩子，只要他能区分商店、加油站和餐馆，理解它们的用途，就可以做这项活动了。

怎么做

1. 邀请孩子："我们来念念这条路上的标识。"
2. 等孩子认出加油站、必胜客或者星巴克时，要表扬他，即便孩子并不是通过招牌上的文字辨识出来的。
3. 和孩子一块儿念上面的文字，并让他指出更多的标识。
4. 和孩子讨论："看！超市正在搞特价。看到'特价'那两个大红字了吗？我们去找找其他的标识。"或者聊聊你开车时看到的："嗯，这个路标上说'出口还有 3 千米'。我在想到达出口要多长时间。"

后续活动

聊聊商店、餐厅的名字是怎么来的，以及名字的含义。"我想知道为什么人们管它叫'必胜客'（Pizza Hut）。Hut 是很小的房子的意思。你怎么想？”或者讨论地名的历史。“安霍瓦路。很久以前这里住着安霍瓦人。你觉得那时候的生活是什么样子？”

活动用意

语言是表达想法和分享信息的工具。多数孩子生活在文字和图像都很丰富的社会，随时可以开展这项活动。你和孩子讨论词汇、词汇的用法、词汇的使用地方以及用在那里的原因，就是引导孩子更深入地理解语言，鼓励他运用语言。另外，当你在路上按照路标行驶或寻找办公室、商店的时候，要向孩子解释你在看什么。这一点很重要，既可以帮助孩子理解阅读的实际用途，还会得到他的帮助！

进一步

用各种你能想到的方式，把标识利用起来。做查找特定文字的游戏。聊聊标识上的图形与文字。讨论为什么快餐店和加油站的标识这么醒目。哪些标识是你最喜欢的？念一念公共汽车车身两侧的标识。

小提示

跟孩子一起给你们家做标识。从广告单上剪下字来，或者用图案标记每个房间或每个区域，并加上文字。把标识挂起来，让孩子领你转一圈儿，念一念。

20

What Would You Do If You Were … Who?

如果你是他，会怎么办？

要是孙悟空在这儿，
他会怎么办？

你需要

任何有趣的情景；丰富的想象力

前期准备

和孩子外出，在银行、超市或者博物馆排队，都可以引出这个话题。或许，你们回家的路上还在持续讨论。

怎么做

1. 想一个书里的角色，问问孩子："要是 ×× 在这里，会怎么做？"让孩子想象自己就是喜欢的书中的角色，现在正在你们所在的地方。这个角色可以是好奇的（孙悟空）、邪恶的（大灰狼）、阴郁的、有创造力的，或者是思维活跃的（戴帽子的猫）。
2. 鼓励孩子思考这个角色，以及为什么他可能会按照孩子的想法行事。
3. 如果可以，用对话的方式表演。鼓励孩子添加或改编情节。用这样的问题引导他："所以说，你觉得蜘蛛夏洛特会挂在汽车里来博物馆喽。她会怎么评价这个喷泉呢？"

后续活动

给出另一个角色，或者让孩子推荐。这个角色在同样的情景中会做些什么呢？这个角色的行为和第一个有什么区别呢？为什么？

活动用意

你和孩子都在按照自己的想法创造书中的角色。你帮助他理解角色：他们的好恶、典型的行为。把角色放在新设定的情景下，让其应付新的情况，其实就是在探索角色的想法。这个过程就像作家写新书，要处理一个之前出现过的人物一样：尝试一个能连贯的情节，设想结尾，评估、修改，必要时再推倒重来。更重要的是，你鼓励孩子把自己置身别的场景，想象其他人（或生物）要如何应对同样的情况。对任何人来说，这种天马行空的想象都是非常有益的。

进一步

如果你觉得你们的故事够出色，就和孩子重新讲一遍，或者让他写下来。一块儿表演，如果你愿意，可以拍下来。

小提示

在孩子喜欢的书中挑选角色，把相关的图片复印下来，做成小卡片。把这套 10 张左右的卡片带在身边，合适的时候就拿出来，让孩子“随便选一张”，然后根据场合编一出剧目，扮演卡片上的角色。

21 听你指挥

At Your Command

简单的看手势猜字游戏，

成为孩子学习词汇的动力。

你需要

纸；铅笔；碗或包

前期准备

准备一组描述动作的词，如跑步、跳舞、唱歌、躲藏、偷看、单足跳、鼓掌、睡觉、转圈。一张纸上写一个。如果孩子年龄非常小，就画一个做这些动作的小人儿，在下面写上文字。如果孩子识字，就只写文字。孩子或许会用自创的文字写。

怎么做

1. 给孩子看其中一张纸，解释这个游戏。
2. 把所有的纸都折起来，放在碗或包里面。
3. 让孩子从碗或包里选一张纸，看看上面写了什么。
4. 让孩子把纸上的动作表演出来。
5. 看孩子的动作，试着猜纸上的词。
6. 和孩子轮换着来，直到纸都被取出来。可以把纸再放回去继续玩，直到玩够。

后续活动

· 让孩子写纸上的字。
· 从书里选一个角色，想想用什么动词来描述。

活动用意

这个游戏可以帮助孩子将书面词汇和生活中表达的含义联系起来，帮助孩子练习阅读和书写简单的文字。玩这个游戏需要重复同样的字词，这是非常有意义的，要不了多久，孩子看见词汇就能认出来，而画的小人儿也会帮助孩子记忆。

进一步

用完整的句子增加游戏的难度，比如，“坐在床上”。最终发展成成人版的看手势猜字游戏，表演短语以及名字。可以不用电影名，换成孩子喜欢的书名或角色名。

小提示

两个孩子一组，一块儿阅读，一块儿表演。

Rhyming Around

22 押韵

“结尾读音一样，就是押韵。”

6 岁的莱斯利说。

你需要

铅笔和纸

前期准备

用英语给孩子读诗或者儿歌，然后教孩子玩这个押韵游戏。

怎么做

1. 让孩子任选一个词，如单词“ball”。
2. 找一个词，和孩子选的词韵脚相同。比如单词“fall”，和“ball”韵脚一样。
3. 现在，让孩子再找一个同样韵脚的词：“ball”“fall”“hall”。鼓励孩子自己编词。实际上，编词要比用真词好。
4. 继续找韵脚相同的词，直到你们实在想不出来。

后续活动

找押同一韵的词（不少于 6 个）。家长要表现得兴奋一些：“看啊！没想到我们能想出这么多押韵的词来！”拿出笔和纸，和孩子一起写下来。你可以说：“我非常想把这些词记下来。你来说，好吗？”然后让孩子看着你写。不要讨论具体的拼法。重点是把韵脚相同的词汇之间的关系表现出来，而不是解释它们。让孩子自己花时间得出结论：在英语中，押韵的词，词尾往往都一样——不过这也不是绝对的。

活动用意

这个活动会让孩子逐渐明白，一个单词就像一个故事，有开头、中间、结尾。造一个韵脚相同的词，就是改动原词，更换词头，也就是起始音。人们喜欢押韵的词语、按规律重复的花纹，所以这是个非常有意思的活动。孩子会努力想出词来难倒你：说一个和“orange”押韵的词。

进一步

和孩子一起写押韵的句子。莱斯利这样描写了她的狗：

He's happy as a clam
To just be who he am.

不要去管语法。这里的要点是，你让孩子写押韵的句子，而且按照他自己的想法、自己的方式找韵脚。

小提示

延伸阅读：

· *Hop on Pop*, Dr. Seuss, Random House

· *Green Eggs and Ham*, Dr. Seuss, Random House

· *Go，Dog，Go*, P.D. Eastman, Random House

23

字体的形状

Fonts of Knowledge

帮助孩子认识到，书法好坏，

不会改变字的意思。

你需要

装有文字处理软件的电脑或平板电脑，软件里的各种字体

前期准备

教孩子打开电脑或平板电脑上的文字处理软件。给他时间去点击各种按键，用自己创造的文字书写。给他看看如何用上档转换键（Shift），如何保存和打印。

怎么做

1. 让孩子选一个词，或者一连串字母（可以是一句话，也可以是他的名字），输入电脑。年龄小的孩子，可以从一个字母、一个单词开始，或让他随意敲出字母。
2. 把他的作品打印出来，聊聊和屏幕上显示的有什么不一样。
3. 教孩子更换字母的字体。
4. 聊一聊两种字体有什么不一样。是加黑了吗？变斜体了？有衬线[1] 还是没有衬线？
5. 让孩子再打一些字母，然后打印出来。

---

① 衬线是字母笔画开始、结束的地方额外的修饰。——译者注

后续活动

- 告诉孩子不同字体的名称，讨论这些名称是怎么得来的。比如，Times New Roman 字体。
- 尝试更换更多的字体。用不同的字体输入同一个字母或单词，把电脑上的部分字体打印出来，做一个小样。

活动用意

这项活动的重点是给孩子看不同的字体。随着孩子看的书、标牌越来越多，他会接触到不同的字体，还有难以辨认的笔体。家长要帮助孩子认识到，同一个字的写法可能五花八门，但文字本身的含义以及用法不会改变。

进一步

和孩子一起创造你们自己的字体。用积木或木条搭出字母。年龄较大的孩子在设计个性化的字体时，喜欢用方格纸统一字号。如果有扫描仪，可以把这些字体扫描到电脑里，供孩子使用。

小提示

和孩子一起研究一种字体集，看看书写字母的全部方式。你可以在工艺品店、文具店、办公用品店或者网上找到字体集。

24

Books Open the Door to Feelings

用书籍打开感受的大门

上蹿下跳的孙悟空，
被压在大山下动弹不得，
该是什么样的感受？

你需要

故事书、图画书

前期准备

让孩子选本熟悉的书。除了念里面的内容，还可以用它做更多事情。

怎么做

1. 念书的过程中，遇到插图停下来。
2. 聊一聊图上画的是什么，它怎样丰富了故事。
3. 问问孩子："发生了什么事情？为什么会这样？往后会怎样？"
4. 针对角色提一些问题："这是谁？她在做什么？你觉得她感受如何？如果她碰上狼会做些什么？"聊一聊角色的姿势和面部表情："我很好奇她正想什么。"
5. 继续念书。如果文字内容特别提到了某种情绪，就聊一聊这个词，以及为什么角色会有这种感受。"书上说他很愤怒。你觉得这是什么意思？是什么让他有这种感受？他要做些什么来解决问题？"
6. 讨论角色在故事中的情感变化。"你觉得他还是很恼怒吗？发生了什么事情，让他的情感发生了变化？"

后续活动

· 聊聊一个角色的行为是怎样影响另一个角色的情感的。一个角色是怎样安慰另一个伤心的角色的？这个人为什么愤怒，为什么感觉被忽视，为什么要哭喊？

· 让孩子和故事中的某个角色联系起来。“你要在场会怎么办？你要对灰姑娘说些什么，让她心里舒服一些？”

活动用意

> 通过阅读了解他人的感受，分析为什么有这种感受，是怎样表达的，又是怎样处理的，孩子就可以理解自己的感受，并想出应对方法。语言最重要的一个功能是描述，而感受是最难描述的。通过词语、图画以及讨论，孩子会学着辨识情绪，学着体会他人的感受。

进一步

在和孩子讨论感受的时候，想办法把故事加进去。比如，“我非常伤心，就像拼命想要挣脱大山的孙悟空！”或者，“记得最后艾玛天黑回家时心里是什么感受吗？奶奶走了我就是这种感觉。”这不仅会使你和孩子的感受上升到一个新的高度，而且还帮他对比了他与别人的生活。在回忆故事的时候，他或许会找到安慰，或许会想到办法帮助自己和他人，或许会觉得与家长一起读的那本书印象更深刻了。

小提示

和孩子一起研究人的面部表情。翻翻杂志、看看照片展，或者在电脑、平板电脑上看看众人的脸孔。每张面庞背后蕴藏着什么样的情感和故事呢？

Organic Words

25 “有机”词汇

有时候，词在嘴边就是想不起来。

孩子也会遇到这种情况。如果你给他写出来，

他就能记一辈子。

当然，如果他愿意，忘掉也没关系。

你需要

卡片或小本子；铅笔；橡皮筋或信封

前期准备

在孩子玩耍的时候听听他说的话。有没有经常出现的词？孩子会牢牢记住那些他直觉认为很有用的词，也就是所谓的“有机”词汇（这个词是新西兰一位名叫西尔维亚·艾什顿－华纳的老师发明的，她对教育事业有着开创性的贡献）。这个活动通过这类基础词汇，帮助孩子理解语言，并动手书写。

怎么做

1. 给孩子看卡片或小本子。
2. 告诉孩子这是用来记录重要词汇的。可以这样说：“有没有哪个词你想让我写下来？”
3. 写下孩子让你写的词。笔迹要清晰。
4. 把卡片交给孩子保管。给他橡皮筋或者信封，把卡片放在一起。

后续活动

- 备好空白卡片。告诉孩子，他想让你写什么词你都会写下来，什么时间都可以。
- 在词语的选择上，遵从孩子的意见；讨论词语的意思和用法，也要按照他的想法来。聊聊孩子想谈些什么。不要用这些词讨论拼法。
- 找时间让孩子读这些词。如果有必要，刚开始时可以提供帮助。

- 如果某件事情孩子特别感兴趣，就推荐与其相关的词语。假设孩子咳嗽了，就利用这个机会教“咳嗽”“嗓子”这两个词。
- 随时写下孩子提议的词，聊一聊他是在什么情况下听到并理解这个词的，避免对词语或它出现的背景做好恶判断。

活动用意

给事物命名，便拥有掌控它的能力。这种说法可以追溯到古代的民间传说。名称——实际上所有的词都是名称——是拥有力量的。当你听到孩子说“我怕黑”，就是他在给一种无法言说的恐惧命名。把词写在纸片上，揣在口袋里，这种力量就更强大了。这项活动的目的不是教孩子阅读、写字，也不是利用重要“有机”词汇练习拼写，而是要表明书面词汇关键的一项用途：词本身代表一个概念。对家长来说，有必要把自己对词汇的看法放在一边，只做孩子的记录员。

进一步

孩子可能会保留一堆这样的词卡，也可能会扔掉一些。让他自己决定。不管是否保存卡片，孩子都拥有这样一段经历：看到一个对他很重要的词被写下来，将其携带一段时间，并且自行决定是丢掉不要还是继续保管。

小提示

小小的旅行香皂盒可以用来携带或保存这些卡片，很方便。

Real Montessori
Education Starts at Home

第三章
开始写字
The Writing Connection

双手就是智力的延伸。写字是没法被教会的，会写字是因为孩子自己有经验了，而不是因为家长的解释。

——玛丽亚·蒙台梭利

孩子学习写字的最佳方式是随意涂画。一开始孩子用这种“自创式书写”在纸面上表达自己，慢慢地开始画画，然后写笔画，最终开始书写字词。在学习写字的过程中，如果同时坚持阅读，那么孩子就可以把从阅读中获得的经验迁移到笔下，反映在描画的符号中。这部分活动的目的是鼓励孩子写字，体验不同的书写方式。

26 西蒙说

Simon Says

西蒙知道，每个人都玩过这个游戏！

你需要

几个人

前期准备

开始前，先要选个人扮演“西蒙”，也就是游戏中的指令员。

怎么做

1. 被选作当“西蒙”的人，要站在前面，面朝大家。
2. “西蒙”发出做动作的指令，并要亲自示范。发出指令时，他可以说“西蒙说”，也可以不说这几个字。
3. 如果说了“西蒙说”，参与者就要听从他的指令做动作；如果没说，就不能做。例如：

   “西蒙说，把双手放在头上。”

   “西蒙说，摆右手。”

   “西蒙说，把小拇指放在膝盖上。”

   “翻筋斗。”

   “哦，你做错了。翻筋斗的人出局。西蒙没说要翻筋斗。”
4. 游戏继续进行，直到剩下最后一个人，这个人就赢了。胜利者当下一轮中的“西蒙”。

后续活动

坐在车里或等公交的时候，可以坐着玩这个游戏。动作可以小一些，细致一些：捏耳朵，伸出一根或两根手指，等等。也可以躺在地上玩，用脚和腿来做动作，这样更有趣。

活动用意

在这个游戏中，孩子要做“匹配”的练习，这是学习清晰表达的重要一环。想要模仿“西蒙”的动作，必须先注意看他做了什么，然后指挥身体做同样的动作。让孩子做“西蒙”，你会发现自己要多么专注且快速地思考，才能赶上他的动作。同时，在游戏里当“西蒙”，指挥家长做动作，有助于提升孩子的自信与表达能力。他不仅要先想出一个动作，还要亲自做，而且要描述出来。“西蒙”必须学会自己思考和表达。

进一步

做一叠卡片，上面写好“西蒙”要发出的指令。如果孩子年龄较小，就在卡片上画出做动作的小人儿。这对扮“西蒙”的人来说是新的挑战：他必须先识别动作，再表演出来，然后指挥其他人做同样的动作。而且他还得记着，有的时候不说“西蒙说”三个字！

小提示

只有孩子一个人时，也可以做这个游戏，锻炼他的反应速度。孩子在浴缸里，你可以说：“西蒙说，把杯子里的水倒掉。”“西蒙说，用最小的杯子盛水。”这还能让他接触到更多的语言！

27 用身体描画

Get on Track

你在这项活动里要学“巴尼·高格尔，
他有一双滴溜溜转的大眼睛”[1]。

① 巴尼·高格尔（Barney Google）系列漫画由比利·德贝克（Billy DeBeck）创作，1919 年出版。引号中的内容是比利·罗斯（Billy Rose）根据漫画撰写的歌词，1923 年发行。——译者注

你需要

你和孩子

前期准备

这个活动需要你和孩子面对面，以便孩子能够看到你的眼睛。很适合在旅行途中（开车时不要做！）或等待的时间进行。在候诊室，我曾用这个活动吸引了三个孩子的注意力。如果你觉得放不开，可以在家做。

怎么做

1. 对孩子说："你猜我在干什么？"用手指着身体左边远处的一个东西，然后把眼珠转到左边，说："我不用转头，就可以看到 ×××。"右边、上边、下边各做一次。
2. 等着孩子学你。他也可以试着看一样东西，同样不转头。
3. 教孩子另一种用眼睛的方式。把眼珠转动起来，对孩子说："我在转眼珠。"用手指画圈，让孩子盯着你的手指，随着转动眼珠。换他用手指画一个形状，然后你用眼睛盯住他的手指，眼珠跟着转动。

后续活动

用身体的任意部位在空中画一个形状（比如画个圆圈）。也猜猜孩子在画什么形状。

活动用意

写字的时候，需要调动身体的一个小部位——手指，在非常小的地方——一张纸上移动，做精细的模仿动作。学习写字时，可以先不使用笔，而是用身体一些小部位练习，眼睛、手肘、指尖都非常理想。

就写字来说，要先具备从一点到另一点描画的能力。婴儿是通过眼睛来获得这种能力的，他们的眼睛会跟着运动的汽车或是走动的家长转动。婴儿先是观察物体沿路径运动，然后跟踪路径，最后创造自己的路径。能写清楚字的孩子，精细动作也发展得很好，而且具备沿某个方向，从一点到另一点模仿描画形状的能力。

进一步

利用任何机会，鼓励孩子用眼睛跟着看，或用身体其他部位跟着比画。看着一辆汽车从街道的一头驶向另一头。玩模仿游戏，用身体各个部位画出各种不规则的形状。最有挑战性的是，下雨时看窗户上的水珠，看着一滴水珠从窗框上沿滑落，直到静止不动。看一滴水珠的路径，或是看很多滴水珠的不同下落路径，都可以。

小提示

先在家练习这项活动，然后再去公共场合。

28

Yellow Jello

玩押韵

Fat cat

Sat on a tan mat

Wearing a hat

你需要

纸；蜡笔、记号笔或颜料；订书机或胶带

前期准备

孩子一旦有了阅读儿歌的经验，或是做过押韵练习（见活动 22：押韵），就可以用韵脚进行创作了。

怎么做

1. 先给孩子编几句没有实际意义的押韵的语句。例如，“I saw a big pig.”
2. 鼓励孩子以押韵的方式补充。“I saw a fat cat.”随便押什么韵都可以，说很多这样的句子。
3. 依次根据押韵的句子画画：the fat cat（一只肥猫）、the pink drink（粉红色的饮料）、the bug on a rug（地毯上的虫子）。
4. 给这些画贴上标签，或者用它们编故事，写在图画下面。按照孩子的想法来。（这件事肯定会让孩子笑个不停！）
5. 把这些画片订起来或者粘起来，做成一本册子。

后续活动

- 请孩子给画片写标签，或者用他自创的文字写故事。
- 让孩子把做好的册子念给你和别人听。

活动用意

你要让孩子理解，改变一个字母，就可能改变英语单词的读音和意思，但你不要直接告诉孩子，而是让他去体会。关键在于押韵本身很有意思。你鼓励孩子作诗，把两个相同韵脚的词放在一起，孩子会感到好玩、有趣。想想孩子学第一个“敲门笑话”[①]的情景吧。他们认识到了文字的力量——使人发笑，让人叹息，就会讲更多的“敲门笑话”。

进一步

用带磁铁的字母或字母积木帮孩子拼出押韵的词。比如，先拼出单词“pan”。拿掉字母“p”，换上字母“c”，这个词就变成了“can”。这种活动非常适合那些能分辨起始音的孩子。

---

① 敲门笑话（knock-knock joke）是一种双关语笑话。下面是一个完整的敲门笑话：

——Knock, knock!（咚咚咚！）

——Who’s there？（谁在敲门？）

——Doris.（多丽丝。）

——Doris Who？（哪个多丽丝？）

——Door is locked，I can’t get in!（门锁上了，我进不去！）

在这个笑话中，“Doris”的发音与“Door is”的发音相似，因此有双关的幽默效果。——译者注

29 Blocks – the best portal into Dramatic Play

搭积木

孩子可以用积木搭出整个世界。
在佩特·哈群斯（Pat Hutchins）的无字图书
《千变万化》（*Changes*，*Changes*）中，
木头小人儿的积木房子着火了，
他们便用积木搭了一辆救火车。
救火水龙带放水淹没了他们的家，
他们又把自己的家改造成船，开走了……

你需要

积木；小车；玩偶

前期准备

确保孩子有大量时间玩积木，用积木探索（周周都玩）。如果孩子只能有一种玩具，那应当是积木。书中的每项活动基本都可以用积木完成：配对、表演游戏……积木除了用来玩，还可以帮助孩子训练技能与建立概念。

怎么做

1. 给孩子几个小时自由玩积木。
2. 在孩子搭好积木，然后搭配小车或玩偶玩的时候，问他："这讲的是什么故事呢？"
3. 听完孩子的故事后，鼓励他再讲讲："我还想听。""还发生了什么事情呢？"
4. 如果之前讲过类似的故事，就说："我注意到你改编了故事，在你的故事中有 ××××。"
5. 请孩子把故事讲给祖母或其他家庭成员听。
6. 鼓励孩子用画画的方式把故事记住。"这个故事真有意思，为什么不画下来呢？这样我们就能记住它了。"
7. 最终，孩子可能会画出几幅画来表现这个故事。

后续活动

· 让孩子用积木玩模仿游戏。选好谁当指令者，谁模仿。

- 指令者搭一块积木，模仿者就跟着搭一块。如果家长是指令者，游戏要简单一些，最多搭五块积木。
- 家长发出指令的时候，说清楚你们在做什么，用词要能清楚地描绘正在进行的动作。“我在把黄柱子立在红方块上面。嗯，这个像烟囱……”
- 如果家长是模仿者，在看孩子的动作时要把自己的想法说出来。“我明白了。你把两个蓝方块摞在一起，四角都对齐了。”
- 同时要提问：“好的，你把绿方块放在那里。我只有一个黄方块，能放在那里吗？”
- 如果你做错了，让孩子指导你进行更正，以便和他搭的保持一致。

活动用意

孩子按自己的想法搭积木时，他就在锻炼与写字相通的能力：用一种外显的方式，在有限的空间里安排事物；思考并形成结构框架；学习形状和图案如何相匹配。更重要的是，孩子也在发展掌控能力、操作能力以及平衡能力——这些对他来说都是很重要的动手操作技能。

进一步

你在模仿游戏中当指令者的时候，用积木摆出尽可能多的造型。把积木放平，摆出棋盘的图案，或者摆出一张面孔；搭三维的建筑、人或船。

小提示

把积木放在大盒子或者篮子里，放在你家显眼的位置，以便家里其他人或客人都能接触到。他们会搭出风格不同的建筑，并运用不一样的词汇描述，这样可以丰富孩子的经验。

30 Finger Play

用水画

孩子很可能喜欢用水涂画，

“画他自己的符号”。

这也是迈向写字的一步。

你需要

黑板、自家后院或公园可以用水画画的地方；水；小桶、罐子或塑料容器；大号的画笔、碎布

前期准备

给孩子换上旧衣服或者泳衣。这项活动最好在天气暖和的时候做，而且一定要在户外。

怎么做

1. 给孩子一桶水，让他找地方“画画”。建议他用碎布或者画笔画。
2. 一开始孩子可能不知所措：用水怎么画画？让他自己尝试。注意：多数东西打湿之后都会变形。
3. 让孩子选好地方，在上面怎么刷、怎么画都可以。和他聊聊他在做的动作。让他描述他是怎样用水在上面画画的。

后续活动

· 鼓励孩子尝试不同的绘画工具：海绵、木条等。
· 把这项活动拓展开。找一块黑板和一支画笔。建议他用这些材料画出图案，可以乱涂乱画。

活动用意

孩子年龄再小，也可以挥动双手在物体表面“留下自己的符号”。正如一位美术老师做的那样，她用胳膊在空中画了一个圈，说：“孩子需要先完成这个动作，然后把圈画得越来越小，这样他们就可以开始写字了。”你的孩子也可以做这种简单的活动，以帮助他打好写字的基础。

这项活动不仅适合非常小的孩子，也适合年龄较大的孩子，用来锻炼写字的动作和所用到的肌肉。有了合适的工具以及尝试的机会，孩子就能练出力气，控制自己的笔画，写出好看的字。

进一步

找大号的蜡笔和大张的纸，或者粉笔和人行道。孩子能创造出无数可能！

小提示

孩子需要多多运用双手和上身，练习绘制图案，并做跟随动作。见活动 31：画图样；活动 32：刷，刷，刷。

31

画图样

Designs by Hand

泥巴、沙子、铅笔、小手：

这些都是写字的工具！

你需要

用来画画的地方（公园里的沙地、满满一盘麦片或者一张纸）；作画的工具（木条、手指、铅笔、叉子或者吸管）

前期准备

指出周围环境中的图样。我认识的一个家庭，这家人的姓以字母“Y”开头，于是他们收集了很多“Y”形的树枝。找找你身边和字母相似的图样。

怎么做

1. 和孩子坐在一起，在湿沙子上用手指画画，或者在其他平面上用其他工具画。
2. 观察孩子的作品，也鼓励他看看你的。聊聊你在做什么或者你看到他在做什么。“我在画一个大螺旋，就像那边的蜗牛壳一样。”或者，“我看你在画一长串‘×’。”
3. 玩模仿游戏。轮流做指令者和模仿者。
4. 如果孩子年龄很小，就只画圆圈。直线、交叉线、斜线很难画。你不用非要写字。奇怪的图样才最有趣，孩子可以创作或模仿非常复杂的图样。
5. 和孩子聊聊你画的图样，也问问他的。用交叉线、曲线、直线、斜线、上方、下方等词语描述你的动作，以及图样的形状。

后续活动

到处找找和字母类似的形状（树枝的形状、布上的花纹、围栏以及建筑物的形状）。“看那一排电线杆像不像一串字母‘T’？”

活动用意

每个孩子都喜欢在泥土或者纸上画画。注意到这种自然的行为，并和孩子聊一聊，就是用语言总结孩子做的事情。玩模仿游戏，你能帮助孩子发现图样中的相同点和不同点，培养他复制图样的能力。尝试对学习来说很重要——什么也比不过亲身的经历和体验。所以，让孩子在这个游戏中发号施令，但要帮助他找到词语，表述他在做的事情。

进一步

在不同的平面上用不同的工具玩这个游戏。假以时日，这项活动就会发展成写字母、写词语、在沙子上写彼此的名字。见活动 41：制作字母。

小提示

什么都可以画：窗户上的水迹、浴室墙上的泡泡、饼干上的奶酪、天花板上的光线……

32 刷，刷，刷

Spring Training for Penmanship

这项活动可以培养孩子的书写技能，

同时还能清洁浴室！

或许，它应该叫作“春季大扫除”。

你需要

桶；海绵；旧牙刷；小苏打；喷雾瓶（里面装白醋与水的混合液，配比为 1 ∶ 3）

前期准备

脱掉孩子的外衣，或者给他套上一件泳衣、罩衫、旧衣服——因为这项活动会把衣服弄脏。

怎么做

1. 向孩子提出："我们来打扫浴室！"
2. 交给他工具，并给出明确的指令。不要给他任何含有害化学物质或带味的清洁剂——小苏打就好。和孩子一块儿干，打湿海绵，往上面倒一点儿小苏打，教他擦水池、墙面、瓷砖或地板。
3. 洗刷的时候一块儿画图案，画圆圈、画波浪，上下左右都可以画。玩模仿游戏，轮换着发指令。
4. 擦干泡沫时，给孩子演示怎么给海绵蘸水再挤干，然后从上到下一笔"画"完。让孩子猜一猜，要擦多少遍才能把清洁剂洗掉。

后续活动

- 给孩子一把不用的牙刷和一点儿小苏打水，让他帮忙清洗浴缸边角。
- 教孩子使用醋、水混合液把镜子和窗户擦干净。

活动用意

过了一冬，棒球运动员身上的肌肉变得松松垮垮。如果不锻炼，那么他在赛季第一天就打不出好成绩。同样，不具备控制笔画的力道，孩子也不可能拿起笔就唰唰写字。看看幼儿拿铅笔写字的样子：全身上下都在动。孩子学着打扫卫生——按压、洗刷、移动——他的胳膊上下运动，上身得到了锻炼，他实际上“画”出了那些组成字母或文字的笔画。海绵是非常好的工具，孩子可以用它锻炼双手，而牙刷和喷雾瓶更需要巧妙的控制技巧。

进一步

把清洁用具带到别的地方：拿到室外洗洗孩子的自行车；刷刷厨房的地板；擦擦窗户或碗碟。教孩子用清洁剂和工具完成这些工作。让他试试擦灰尘、用吸尘器扫地、铺床、叠衣服。教给他步骤，告诉他每一步用到的工具，并鼓励他熟练使用。他会逐渐变得精通、自信，而且具备优秀的手眼协调能力。

小提示

给小苏打里加少量的绿色干粉清洁剂，让活动更具真实感。在醋水里加一两滴蓝色食用色素，也会让活动更有趣。

33

Real-life Stories

过去的故事

孩子都喜欢

“听妈妈讲那过去的事情”。

你需要

几段你孩童时期的记忆；相册、剪贴簿或你孩童时期的录音

前期准备

想一些你愿意和孩子分享的年少时的事情。

怎么做

1. 问孩子："你想听一段真实的故事吗？"
2. 讲讲你身上发生的事情。不需要讲太长时间，要讲得有声有色，要有高潮。你的故事肯定会让孩子着迷。
3. 中间可以暂停，聊聊你对故事中的转折起伏有何感想。
4. 一个故事多讲几遍，每次都稍作改动。如果孩子没发现，家长就要给他指出来。"你注意到了吗，这次我多说了一点儿，那个洋娃娃的头发是黑色的。我觉得今天有必要说一下。"或者，"这次我讲的是，那些孩子真的摸到了那条死鲨鱼。我记得这让孩子们非常兴奋。"

后续活动

聊聊出现在故事里的孩子认识的人。描述他们过去的样子。拿相册给孩子看看。

活动用意

让孩子知道，你过去的经历是真实的。这样对他来说，过去的事情就变得形象了。这有助于他理解年代的概念，以及完整地体会家长的感受。你讲述自己的故事，就是鼓励孩子效仿你把感受和事情用故事描述出来，运用语言表达自己。更重要的是，当你修改故事，使其更生动时，就是在给孩子做示范，告诉他如何改编故事。

进一步

把你童年的故事全部整理出来，在坐车或开车的时候讲给孩子听。如果你愿意，让孩子帮忙把故事写下来，并配上图画。

小提示

用老照片做一本相册，记录你儿时的生活。和孩子一起给这些照片加上说明文字，聊聊当时发生的事情、时间、地点以及涉及的人。

34 Drawing Out a Story

画中的故事

问问孩子：

“这幅画讲了什么故事？”

你需要

你的孩子花费很多心思画的画

前期准备

看看孩子刚刚完成的一幅画。鼓励他聊聊自己的作品："和我说说这幅画的故事。"

怎么做

1. 问孩子："这幅画讲的是什么故事？"他会紧跟着讲出一个故事，也可能会说："没什么故事，就是画的彩虹。"接着你可以说："为什么彩虹会在这儿呢？"把话题转移到非虚构的信息上："彩虹是打哪里来的呢？"不一定非要把画讲成故事，也可以是真实发生的事情。
2. 专心听。用交谈的方式问更深入的问题。"你说大象在找花生。花生在什么地方呢？"孩子可能会找蜡笔把花生加上，或是解释为什么画里没有花生——故事发展到了另一个情节。
3. 把画和画背后的故事当作写字的跳板。可以这样说：
   - "你能把故事再讲一遍吗？我好拿录音机录下来。"
   - "你能把故事再讲一遍吗？我好把它记下来。"
   - "你能把故事写下来吗？好帮我记住它。"
4. 把故事写下来或录下来后，让孩子念给你或其他人听（播录音也可以）。

后续活动

孩子再讲故事时，聊聊他对故事做出的改动。“这次大象找到花生了。它怎么找到的？”

活动用意

画画是书写的开端。孩子会认识到，把一个想法或形象扩充成故事讲出来意味着什么。当你和孩子谈论他的故事时，你们就是在开一场作家研讨会，讨论那些关联起来便能创作故事的元素。当你帮助孩子把故事录下来或者写下来，你就是在给孩子灌输把语言保存下来的方式。鼓励孩子分享故事，改编故事，同时不要忘记指出：所有的书，无非是他人记录的故事。现在你的孩子也是作家了！

进一步

不要刻意避免用电脑作画或使用文字处理软件，可以让孩子用这些方式创作故事。正如成人不懂引擎原理也能开车一样，孩子不懂词的拼法和构成也可以写字——孩子的绘画表明，他们在很小的时候就可以写故事了。

小提示

和孩子谈论画的时候，不要做下面这些事情。

- 不要问：“这是什么啊？”因为孩子可能仅仅给你描述画面，而不是讲述情节。他会说：“这是条彩虹，还有一只蝴蝶和一头熊。”
- 不要去猜：“我知道，这是头大象！”猜就像打赌，想想你会得到什么答案吧：孩子点头说是？不知所措地看着你？对你的错误猜测表示强烈抗议？要让孩子讲故事。

35

学机器人说话

Talk Like a Robot

文字就是书写下来的谈话。

每个人都不一样，谈话的方式也不相同。

尝试各种交谈风格。

灵活运用口头语言，孩子会写得更好。

你需要

你和孩子的声音

前期准备

听人说话。打开电视，闭上眼睛，试着凭声音分辨电视上的人。在另一间屋子或餐馆里听人谈话；听收音机、电话或者家里的录音带。说话的是谁？他们的嗓音有什么区别？

怎么做

1. 问孩子："你能学谁说话，爸爸还是机器人？"
2. 你用机器人的声音说话。"危险，威尔·罗宾逊！……R2-D2，你在哪里？……嘀嘀……嘀嘀……无法计算结果！"
3. 用机器人的声音和孩子交流，你们都学机器人说话，或者家长和孩子都来扮演机器人。
4. 用机器人的声音聊聊你从汽车、公交车或者火车上看到的事物，模拟它们的动作。

后续活动

试试其他声音。小狗说话是什么样子？婴儿、王子、新闻播报员、歌手又是怎样说话的？

活动用意

表演游戏是写字前非常重要的一个预备活动。和孩子一起想出新的声音和对话，是把表演游戏的重点放在语言上的一种方式。这还可以教会孩子注意人们不同的说话方式。对孩子来说，家长对不同嗓音、口音、语气做何反应，本身就是一种教育。你可以通过自己的反应，拓宽孩子的认知范围，表达你对不同的人、不同说话方式的态度。当然，重要的是尊重别人的说话方式。通过听和模仿，帮孩子接触到了口头语言，并且使其对语言更加敏感。

进一步

等孩子的理解能力不断提高，你可以和他分享其他的语言表达方式：手语、盲文、莫尔斯码，甚至编程代码。每种方式都能加强孩子对语言的熟悉程度，并强化他对语言组织和使用方式的理解。

小提示

这里给出一个简单的对话练习。选一个词，比如你的名字，让孩子用不同的方式念出来：大声念、轻声念、高兴地念、伤心地念；念的时候假装自己在生病，假装自己很累、很饿、很烦躁或者很开心。

36 给我贴上“标签”

Sign Me Up

5 岁的孩子对我说：“给我看看你的肌肉！”

我摆起姿势，她摸了摸我的手肘。

“那不是我的肌肉！”我说。

我们需要用标签来说明！

你需要

不透明的胶带；小纸片；铅笔

前期准备

想想孩子还有什么不知道名字：胳膊上的某个部位？电话上的某些部件？

怎么做

1. 找一些孩子不知道名字的衣服、房间里的某些区域、浴室玩具或者身体的某些部位。
2. 把胶带和纸给孩子。你留着铅笔。
3. 开始教孩子认，你可以说："看，这是我的手肘。"
4. 写下"手肘"这个标签，或者让孩子用他自创的文字写。（这里的要点在于词语，而不是词语的拼法。）
5. 让孩子把标签贴到你的手肘上，然后念给你听。
6. 活动继续进行，给不认识的身体部位都贴上标签。和孩子一起再念一遍。

后续活动

连你也不知道某个东西的名字？上网或翻书查一查。教孩子看书里的图解（汽车手册就非常理想）。图解里面就有标签，连着物品相关的各个部分。只不过在这项活动里，你把标签贴在了自己身上、房子里、宠物狗身上（如果它脾气好的话）、你的衣服上……

活动用意

书写是记忆的一种方式。对孩子来说，给物品贴标签，在标签上写上它的名字，这其实是婴儿指物游戏的一种扩展（婴儿指物也是一种非常重要的游戏）。在婴儿指物游戏中，家长指着某个物品说“看”，然后说出名字，婴儿就朝着习得语言的方向迈了一大步。写字也是同样的道理。告诉孩子，每件物品都有名字，都可以写下来。这不仅丰富了他的词汇，更重要的是，和孩子一起查找物品的正确名称，也是帮助他总结物品的功能与作用。洗碗机上有一个门，汽车车门上也有，他的午餐盒上也有。这些门的模样不同，但作用都一样：把物品关好。

进一步

去一个商店，我最喜欢去的是纽约市的山姆大叔雨伞店。那里的店主知道雨伞上每个部件的名称，了解它们的功能。你知道一把伞有伞骨、伞柄和伞头吗？和孩子一起提问——回家给伞的各个部件贴上标签。

小提示

如果把胶带贴在塑料物品上，一个星期之内要取下来，不然可能会留下痕迹。

37 Let's Create Another Version

改编故事

如果三只小猪和建筑师赖特[1]一样，
把房子盖在河上面，
大灰狼顺着河游进去了怎么办？
孩子的想象力是最佳的学习工具。

① 弗兰克·劳埃德·赖特（Frank Lloyd Wright），美国知名建筑师。建筑作品有《落水山庄》。——译者注

你需要

简单的故事书；不同版本的童话或续作；铅笔和纸

前期准备

和孩子一起读一个故事。如果有条件的话，读同一个故事的不同版本。

怎么做

1. 建议孩子帮忙想一件可能发生在故事角色身上的事情。金发姑娘去了三只熊的家，那天还会发生什么事情？要是有“第四只小猪”，那它会盖什么样的房子？不喜欢《长发姑娘》中吓人的部分？我们来改一改。
2. 让孩子开动脑筋，依照书中的角色和他自己编的故事，自行决定故事的走向。
3. 让其他人也加入新故事的创作中。每个人都想想：“这之后发生了什么？”鼓励大家灵活想象故事的发展。

后续活动

- 一块儿把故事记录下来。如果由你来写，就让孩子画插画。
- 把毛绒玩具或木偶打扮成故事中角色的样子，给它们拍照，或者画成画。如果用录音机录下来，模仿不同角色的声音，反复录直到满意。和其他人分享这个故事。

活动用意

在学习书写的过程中遇到诸多问题时，具备灵活性是很关键的一点。当你打开孩子做事情的新思路，就是让孩子明白，任何情况都有多种解决方法。孩子很容易困在固化思维中，坚持一个游戏只有一种玩法，或者一个故事只有一种情节。因此，转换思路、找出替代方法，并利用新方法解决问题，这对孩子来说是非常重要的。在这项活动中，成人要尽可能理解孩子的解读，问开放性的问题，鼓励自我表达，循循善诱，带领孩子寻找新方法。

进一步

给学龄孩子讲讲盲人摸象的寓言故事。每个人描述的大象都不一样，因为他们接触到的是大象身体的不同部位：象牙、尾巴、鼻子、腿、侧身、耳朵。帮孩子认识到，一种看法对一个人来说可能是正确的，对其他人则不一定。还要让他知道，可以从很多角度来看待生活。

小提示

有很多书可以帮助你进行这项活动。

- 有些书专门设计了让孩子自行选择情节的部分；有些专门为孩子设计的电脑软件，让孩子自己决定故事的情节发展。
- 搜索同一个故事的不同版本。例如，《灰姑娘》有很多情节不同的英文版，中文版也有好几种，跟孩子一起找来看看。

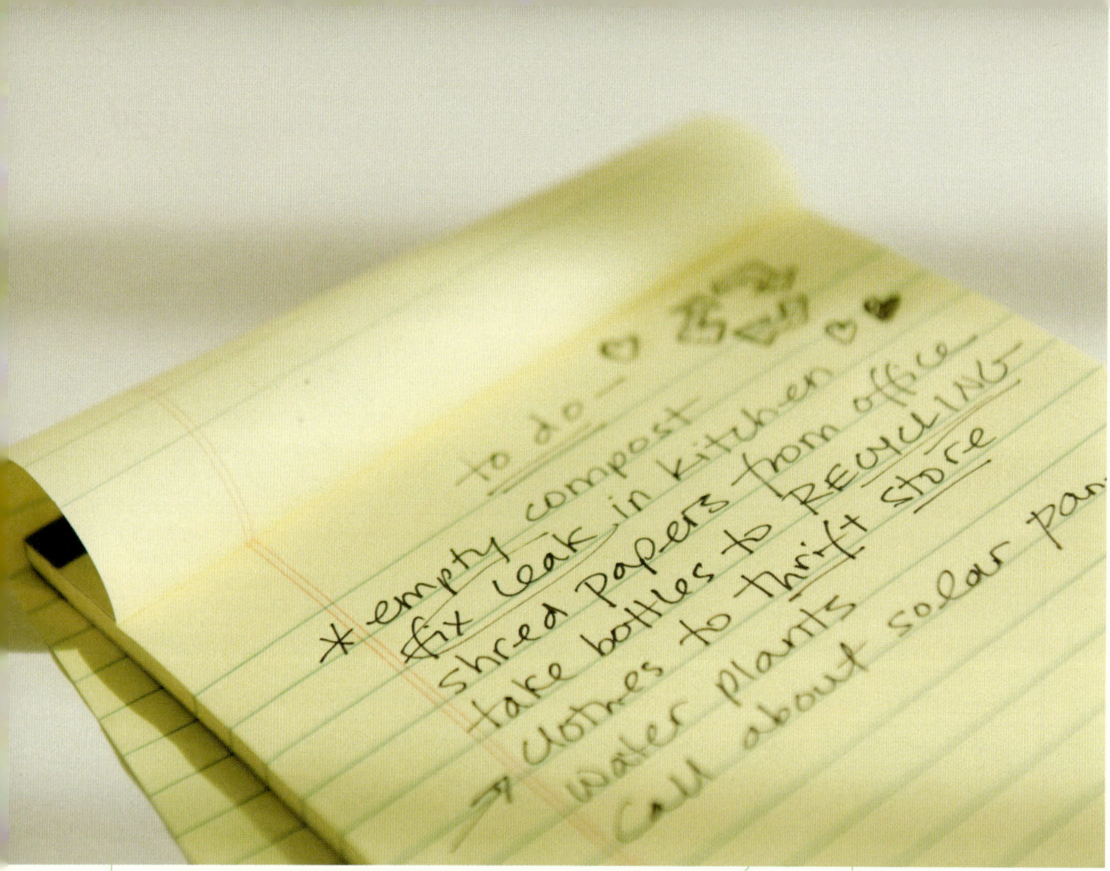

38 家庭笔记本

The Family Notebook

和家人交流、给出意见、提出要求、

表达鼓励和关爱，都可以靠书写。

而你需要的，只是一个小小的笔记本。

你需要

活页笔记本；钢笔；拴钢笔的绳子

前期准备

把钢笔拴到笔记本上。

怎么做

1. 和家里人说："我们之间如果有要说的事情，就用这个笔记本来留言吧。"
2. 不要限制大家写的内容。画画也可以。要强调，这个本子就是在家里分享想法的地方。
3. 鼓励孩子用自创文字在本子上写。让他念念写上去的内容。你可以说："我不认识6岁孩子的字。你能念给我听吗？然后我给你念大人都写了什么。"

后续活动

· 给孩子做示范，告诉他笔记本可以用来做不同形式的交流：

写鼓励的话

画图画或漫画

要求某人做家务（提醒某人忘了干什么）

规定看电视的时间

宣布一件事

制定规则

道歉

· 和孩子一起读笔记本上的内容。聊聊家里成员的不同书写方式。
· 请客人在笔记本上留言。和孩子聊聊他们的笔体。

活动用意

写字的一个重要目的就是表达自我。还有比家人更好的倾诉对象吗？孩子已经学习了在家庭环境中对话，这项活动可以把他以前学习对话的经验，用在开始写字上——之前孩子学着理解不同家庭成员讲话时用到的不同语气和词语，现在他要学习不同风格的书写内容、字体，以及书写的不同用途。这项活动使写字变成了社交。为了交流，孩子必须阅读和书写。

进一步

一个笔记本写满之后，再买一个。把旧的留在身边，以便孩子重新阅读，看看当初家里发生了什么事情。他还会注意到自己书写的进步与变化。这标志着他在写字这方面不断取得进步。

小提示

太忙没空写？你说孩子写就可以，用他自创的文字，然后让他念给你或家里其他人听。

39 Pictures of Places and Objects

场景照片

孩子从很多知识性书籍中
了解其他地方、动物以及物品，
然后他就会想做一本自己的资料手册。

你需要

相机；打印机；相册（买成品或手工制作，自己制作的更个性化，使用起来也更方便）；铅笔、蜡笔以及贴照片的胶水

前期准备

和孩子一起读一些知识性书籍，比如配有描述和注解文字的专题摄影书。

怎么做

1. 带孩子在小区里走走，拍一些能调动孩子兴趣的建筑、人、十字路口、门、狗等，或者让他做模特，站在要拍的对象前面或旁边。如果你的手机或相机操作不复杂，孩子也可以做摄影师。
2. 把照片洗出来，让孩子选一些作为配图，做一本关于你们小区的书。
3. 让孩子在相册上贴一两张照片。另选一张纸，请孩子用自创文字写，或者他说你写。是写故事还是说明性的文字，由孩子决定。写好放在相册里。
4. 让孩子给这本书做个封皮，开动脑筋想个名字。

后续活动

带着这本书，再和孩子在小区里兜一圈，找找书中照片拍摄的地点。和以前没看过这本书的大人、孩子一起做这项活动，效果会非常好。让孩子在听众面前读这本书，并请听众找出照片中的地点。

活动用意

写书其实就是写自己的生活。邀请孩子写本书，讲他生活中的一个方面，很明显就能看出这一点。聊聊人们在自己的书和相册里记录了什么内容。把真实的生活转换成书的形式，这种活动可以让孩子理解非虚构性写作的目的和作用。看一看非虚构作品，自己动手写一写，孩子会逐渐理解叙述的过程以及非虚构书籍的用途。

进一步

帮孩子比较你们的小区和其他地方。找一找关于其他城市和地方的书。和孩子聊聊这些地方的相似点和不同点，并进行讨论。讲一讲别人是怎么做事情的，比如盖大楼、建操场、装饰屋子，等等。

小提示

老师有时候会要求和家长一起旅行的孩子记日记。你可以帮孩子回忆、描述并解释旅途中的事情。和他一起做一本旅行照片日记，和小区相册做比较。

Making an Audio Recording

40 录音

听我喊！

你需要

带麦克风的便携录音机、智能手机或者电脑

前期准备

和孩子一块儿听音频书。一边听故事一边看书，听见提示音就翻页。还要告诉孩子如何按键播放、录音、停止。

怎么做

1. 让孩子试着录音，然后听自己声音的回放。
2. 让他录一些东西给你听，然后和他一块儿听，聊一聊："这个有趣的声音是什么？""这个笑话不错。""你要说些车窗外面的景物，是什么呢？"
3. 注意他录音的内容。鼓励他充实内容，说详细点儿再录下来。你可以让孩子这样做：
   - 讲一个故事。
   - 乘车时播报实时路况，或是指路。
   - 解释某物的工作原理，或是描述发生的某件事。

后续活动

- 建议孩子把录的内容画下来，或者用自创的文字写下来并配上画，画几幅画由他决定。和孩子听录音，观察画好的画，注意录音中他提及的要点，以及他表达自己想法的用词。
- 请孩子录自己唱的歌，或者自编自唱的歌。
- 孩子念故事、唱歌跳舞，或者演示一项活动（比如怎样用积木搭飞机）时，给他录像。

活动用意

口头语言瞬息即逝，一句话说完就没了。说话的时候，语句来得快，去得也快。书写是把语言保留下来的一种方式，但书写需要手的参与。对小孩子来说，录下来是他能掌握的保存语言最简单的方式。他可以一遍遍地重录、更改，再储存。当孩子用录音机把自己的话录下来，他就是在写字。当听到自己的录音，孩子实际上是在阅读他写下来的内容。当他和你谈论要修改什么时，这就是在开编前会。当他重新录制，更改声音或故事，他就是在做修改。孩子学习使用录音设备，可以培养他对科技的理解，并为理解线性故事打下基础。他将从中学到丰富的知识，比如录音机的工作原理，产品制作（他的录音）、使用录音机录音、保存、更改自己作品的方法。

进一步

让孩子录音并且把画拍成照片，送给他的朋友。年龄较大的孩子可以给年龄较小的孩子做，用邮件发送，或者上传到分享网站上。

小提示

允许孩子创新，允许他做一些傻事。他或许会用好玩的词将傻傻的故事讲出来，或者在录像时做鬼脸。随便他做什么。如果你觉得烦了，想让他严肃起来，那他的兴致就会一扫而光。如果他认为这件事很好玩，就有可能坚持讲故事，把故事画出来、演出来。

第四章
语言的输出
Language Ins and Outs

语言，可以允许孩子与他人沟通，并辅助孩子思考的过程。

——玛丽亚·蒙台梭利

这部分活动都是有趣的语言游戏，帮助你给孩子灌输重要的概念，增加他言谈、阅读、书写的词汇量，同时将细致地探讨读写的规则和方式。孩子读写能力不同，需要的活动也不同。你需要根据自己的需求和孩子的能力，找出适合你们的活动，这样有助于孩子更加熟练地运用语言，进而更加喜爱语言。

Making Letters

41 制作字母

你能做出字母“R”吗？

你能烤个字母“Z”形的蛋糕吃吗？

你需要

字母玩具；砂纸；剪刀；用来造型的黏土或面团

前期准备

在尝试这项活动前，先保证孩子认识一些字母。这项活动重点关注笔画是怎样组合在一起构成字母的，而不是字母是怎么组成单词的。有的孩子在阅读和练习写字的过程中自己就能体会到这一点，有的则需要利用触觉、小技巧，甚至是味觉来帮助。

怎么做

1. 邀请孩子从他的名字里选一个字母，再从字母玩具中把它找出来。
2. 让孩子用手指沿着字母画出轮廓。
3. 告诉孩子，你要用砂纸做这个字母。当你在砂纸上画或者描字母的时候，让孩子来指挥。
4. 帮孩子把字母从砂纸上剪下来。
5. 重复这个过程，直到把孩子名字中的字母都剪出来。
6. 让孩子把玩这些字母，排列、打乱重排、叠起来、摩挲砂纸……做什么都可以。

后续活动

- 建议孩子用黏土或面团把这些字母做出来。如果用的是黏土，等它们变硬之后上色；如果用面团，烘焙出来，要么上色，要么吃掉。
- 和孩子一起画图样。见活动 31：画图样。

活动用意

在感知事物的过程中，调动的感官越多，越能更好地理解、复制并回忆。这项活动是让孩子触摸、摆弄、谈论、从外形上比较字母，并制作出来。如果你一直给孩子念书，跟他聊过路标、邮件、电视及其他有字出现的媒介，那么他就已经和字母亲密接触过了。孩子制作字母的时候观察、接触、涂色，就是在接触文字。

进一步

把砂纸、黏土或是面团做成的字母在纸上描出来，这可以帮助孩子把对文字的三维理解转换成二维。

小提示

可以用下面这个配方做面团：

将 5 小碗面粉、4 小碗开水、1 小碗盐和 2 汤匙油混合在一起，搅拌至滑顺，待其冷却后使用。要保存在带盖的塑料容器里。

42

绕口令

Wordy Workout

Swan swims over the sea. Swim, swan, swim!

Swan swam back again. Well swum, swan!

你需要

绕口令

前期准备

收集稍有难度的英文绕口令，不需要太多。然后让孩子试试其中的一两首。绕口令是非常好的提高语言的工具，不同年龄、不同能力的孩子都能很好地念出来，而且比成人还好。

怎么做

1. 给孩子念一个绕口令，鼓励他试试。这里给出一些简单的例子（实际上很拗口）：
   - Unique New York（反复念）
   - The big black bug bled big black blood（反复念）
   - Rubber baby buggy bumpers（反复念）
2. 聊聊为什么绕口令很难念。提醒孩子注意那些经常重复、连起来很难发清，或者不好念的音。
3. 鼓励孩子编绕口令。没必要特意指出，多数绕口令里的词开头都是同一个字母，或是同一个音，过一段时间孩子自然会注意到。同时他还会反复念这些词，因为念起来很好玩。

后续活动

鼓励孩子从朋友那里学习绕口令。

活动用意

和押韵脚一样，绕口令和押头韵也是关注词语中类似发音的方法。绕口令很有意思，也很有挑战性，而且对练习吐字有好处。研究证明，孩子软和的食物吃得多，有嚼劲、脆硬的食物吃得少，吐字就有难度。因此，确保孩子的饮食包括一些耐嚼的食物，并且经常练习念绕口令，有助于孩子的吐字发音。

进一步

给孩子念绕口令，念到哪儿手指就移到哪儿。你可以指出那些有相同读音的词。

小提示

可以读读苏斯博士的“Oh Say Can You Say？”（兰登书屋）。也可以试试下面这些：

· How much wood would a woodchuck chuck if a woodchuck could chuck wood？

· A dead rose, a live rose, a dead rose, a live rose...（反复念）

43 New Directions

新方向

上上、下下、左左、右右……

你需要

两块 20 厘米 ×46 厘米的胶合板，要打磨边缘；4 厘米长的钉子；小锤子；颜色、长短各异的橡皮筋

前期准备

在胶合板上每隔 4 厘米画一个小点，画上几排。让孩子用锤子在这些点上钉钉子，不要全钉进去，要高出木板表面 1.3~2.5 厘米。把橡皮筋给孩子，让他想想怎么把橡皮筋拉开，挂在这个钉板上。和孩子一起再做一块钉板，或者在他研究第一块的时候，你自己做。

怎么做

1. 给孩子橡皮筋，让他研究钉板。他会研究好几天。
2. 在孩子用橡皮筋在钉板上挂出不同图形的时候，问他："我这块板怎么才能挂出你那种图形，能教教我吗？"
3. 在孩子用动作演示或语言指导的时候，跟着他做。如果他不知道怎么指导你，就仔细看看他挂出的图形，学做的时候大声地把思路说出来。"我们来看看，用一条长皮筋先穿过三个钉子，然后……"
4. 在你的钉板上做一个简单的图形让孩子学。要说出自己的思路，描述自己的动作。
5. 你和孩子换着来，一个人设计图形，另一个人跟着学。

后续活动

· 做更复杂的图形，在不同的方向上挂上皮筋。
· 用准确的词语描述方位、颜色以及其他属性。“我要把蓝色的皮筋竖着挂在左边一列的头两个钉子上。”不要担心孩子理解不了这些词，他看着你的动作就会明白其中的意思。使用下列词汇描述：下方、平行、围绕、上方、穿过、斜着、垂直、Z 字形、水平、竖直、纵列。

活动用意

对孩子来说，把表征从三维转换到二维是有难度的，言语可以做这种转换的桥梁。如果孩子能用词汇描述动作或图形，那么他就能画出来，之后也能写出来。这项活动可以提升孩子的自信心，锻炼手指的力量，理解线条和形状是怎么出现在钉板这一空间的（这是理解书法的先决条件）。

进一步

按这个游戏画图样，先画一个方形，再画上点，代表钉板上的钉子。多画几份，画进去孩子喜欢的图形，也可以加上别人设计的图形，然后把这些图样装订成册。

小提示

可以让孩子把这个游戏送给他的朋友，这是一份非常不错的礼物。

New Words

44 新词

世界上到处是词汇，

对孩子来说很多都很新鲜，

或许有些对你来说也一样。

和孩子一道探索这个词汇的世界吧。

你需要

笔记本；铅笔

前期准备

和孩子聊聊你准备去哪家商店，想知道这家店的哪些信息。告诉他你要在那里找一些词。

怎么做

1. 带着笔记本和铅笔去商店。告诉孩子："好，我们要在这儿找些词。"由他来找，你负责在笔记本上写下他找到的词。
2. 逛逛商店。按照下面的方法收集词语：
   - 念念货架上的标签。聊聊它们描述了什么商品类别。如果你们去了音像店，可能就是摇滚、爵士、蓝调、古典、柴迪科、百老汇、迪斯科、嘻哈等音乐类型。
   - 询问店员。如果你们去了木材店，可以让店员介绍这里出售什么木料：橡木、胶合板、松木、枫木、刨花板等。
   - 念念海报。面包店的海报上可能有：裸麦粗面包、黑麦面包、酸面包、法式面包、意式面包、全谷物面包、大麦面包、白面包……
   - 念念包装上的文字。如果去的是玩具店，念念桌游的名字，比如《大富翁》等。
3. 回家后，互相念念这些词。聊聊它们写下来什么样，怎么发音，以及名字是怎么来的。问问孩子有没有哪些词让他感到很有意思。
4. 一块儿给词汇列表想个标题，要能描述这些词代表什么。

后续活动

试着查一查这些名称的意思。研究一下玩具盒子，弄清楚里面装的都是什么玩具。听听商店里放的音乐，问问别人这属于什么类型。根据橱柜上的标签识别面包的种类。

活动用意

> 词汇不仅传达信息，它本身就是快乐的、令人着迷的。词汇的意思可以因情景、具体的问题、角度不同而发生变化。把词汇写下来就可以拥有它们。每个地方都有自己的词汇。最重要的是，词汇代表着真实存在的事物。

进一步

在笔记本里保留这些词汇列表。去其他地方多收集一些词。想想在哪些地方可以找到新词，在页面上方把这些地方写下来，然后去找：地铁里出现的词汇，餐馆里的词汇，超市里的词汇，等等。

小提示

不确定这个物品叫什么？鼓励孩子编词给它命名。

45 Color Game

颜色游戏

黑纸描红色，黄纸涂绿色。

你需要

8 根蜡笔；8 张不同颜色的手工纸；24 张白色小纸片；3 个袋子或盒子

前期准备

对那些一直在练习认颜色的孩子来说，这会是个很有趣的活动。和孩子一起制作游戏的道具，然后一块儿玩。

怎么做

1. 把白纸片分成三堆，每堆 8 张。
2. 用蜡笔在第一堆白纸上写上蜡笔的颜色，每张写一种，要对应所用的蜡笔。把这堆纸放在盒子里，写上标签“蜡笔”。
3. 用蜡笔在第二堆白纸上写上手工纸的颜色，要分别对应 8 张手工纸。也可以剪一小块手工纸贴在白纸上，然后在白纸上标注手工纸颜色。把第二堆纸放在盒子里，写上标签“手工纸”。
4. 把两个盒子摆在一起，把蜡笔和手工纸放在旁边。
5. 从标有“蜡笔”标签的盒子里取一张纸，找到对应颜色的蜡笔。
6. 从标有“手工纸”标签的盒子里取一张纸，找到对应颜色的手工纸。

后续活动

· 再做一个装有纸片的盒子，在纸片上写好：上面、下面、旁边、上方、对面、中间、左面、右面。从盒子里抽一张纸，按照上面的指示，把蜡笔摆在手工纸的相应方位。

· 用不同的物品（比如玩具汽车和木头积木）替换蜡笔和手工纸。把这些物品分别放在盒子里，然后各取一件出来，再从装方位词的盒子里取出一个词。请孩子按照词卡摆放取出来的物品，并描述相关的位置，要用上物品的名字和表示方位的词，例如，“车在积木下面。”

活动用意

这个游戏让孩子在基本词汇、物品以及动作三者之间建立联系。和大人一起准备，孩子就会在使用这些词之前熟悉它们。

进一步

在游戏中，不用相应颜色代表颜色，而用词语代替。

小提示

用不同颜色的线头、布料、蜡笔和涂料样品图，帮助孩子进一步区分颜色，认识颜色。

46 拼字游戏

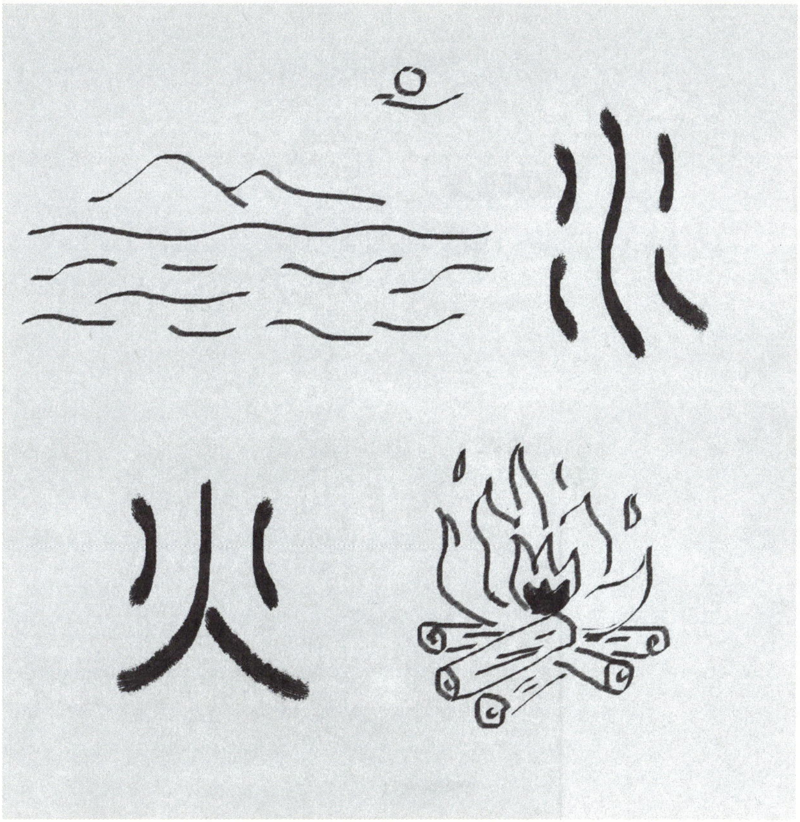

两个“人”拼在一起是什么？

你见过“从”这个字吗？

你需要

索引卡；钢笔或铅笔；剪刀

前期准备

和孩子聊聊字的组成。例如，“米”和“分”组成了“粉”，“口”和“合”组成了“哈”。还有两个字组成的词，例如，篮球、牙刷、粉笔。

怎么做

1. 和孩子一起列个单子，写一些拼合而成的词和字。
2. 把这些字词写在索引卡上。
3. 和孩子一起念这些单词。和他聊聊这些合成词是怎么来的。例如“pig”（猪）和“tail”（尾巴）这两个词都是什么意思，和合起来的词“pigtail”[①] 的意思有什么区别。
4. 然后让孩子把词卡剪开，每一半上面有一个词（字）。
5. 把剪开后的卡混起来，和孩子一起把它们重新组合成新词——有的词可能没什么含义。

① pigtail 是一种发型，也就是人们常说的“小辫”。——译者注

后续活动

和孩子聊天的时候，把合成词挑出来。你们外出玩的时候，注意这些词。先让孩子听到这些词，然后在标识上指出来。

活动用意

到底是谁在收集各种词，把它们写成书的呢？是字典出版社的全体编委。他们的工作就是决定每一版字典里要收入哪些新词，而且总有很多新词可供选择——因为词是人发明出来的。对孩子来说，应该让他理解，我们的语言是不断发展的。要鼓励孩子理解单词、分析单词，还要自己创造单词——字典里能不能找到这些词并没有关系。

进一步

自己想一些合成词，由两个看似有关系的词组成：tree leaf（树＋叶）、Child noise（孩子＋噪音）。然后聊聊这些拼在一起但算不上合成词的“词”，以及它们为什么没法合成。例如，“bus”和“stop”，“flush”和“handle”，“elephant”和“ears”。

小提示

一些组合构成的字的例子：

灯（火＋丁）

露（雨＋路）

环（王＋不）

47 拼音游戏

让孩子把拼音节想象成拼图游戏，

把它们拼在一起，看看能组成什么。

你需要

你和孩子

前期准备

找个安静的地方。这项活动最好只有两个人，不要有干扰。

怎么做

1. 从孩子常用的字开始。告诉他："我要非常慢地说一个字。它分为 b-a 两个部分（发音：波啊吧）。看看它们合在一起组成了什么？"
2. 听孩子把答案说出来，然后再尝试另一个字。
3. 让孩子按这种方式把他最喜欢的字说给你听。
4. 轮着说字的音节，让对方猜是什么字。要简单轻快，因为你们只是游戏。

后续活动

把孩子的名字唱出来，用不同的音符唱出每个音节。也鼓励孩子唱，自己编调子，从中找到乐趣。

活动用意

这项活动可以帮助孩子慢慢理解，字被分成了一组组的声音，也就是音节。对多数孩子来说，把单个音节拼在一起组成一个字比较简单，而把一个字的音节分割开就比较难了。下面的强化活动可以在合词与拆词之间搭建一座桥梁，因为你要给出词和音节，然后让孩子确认这个单词里有没有这个音节。如果孩子不能理解这项强化活动，那么他需要重新练习把词拼在一起，他还没做好拆词的准备。

进一步

问孩子:"'爸'这个字里有'b'的音吗？""'爸爸'这个词里有'ba'的音吗？"如果孩子拿不准，就慢些念：爸——爸。告诉他，听见"a"（发音：啊）的时候就伸出一根手指。在刚开始做这项活动的时候，只问孩子那些单词中的确出现了的音节。过后再问单词里没有的音节:"'妈'这个字里有'b'的音吗？"

小提示

不要用笔和纸来解释音节。对成年人来说，单词是一个音节一个音节念出来或写出来的，这可能很符合逻辑，但孩子并不明白这一点。让他集中注意力听。在孩子逐渐熟悉阅读和书写后，他自己就可以把这个概念应用在写下来的单词上。

48 疑问句和陈述句

Asking and Telling Sentences

我在念故事的时候，

突然发现有个 5 岁的小听众在仔细看书页上的字体。

“又有一个弯弯曲曲的东西！”她指着问号说。

“这是问号，”另一个同学解释道，“它可以让你提问题。”

我眼睛一亮，说道：“注意了，

看看你们能不能听出这个故事里提出的问题。”

你需要

有表演力的嗓音；孩子熟悉的儿歌或诗歌

前期准备

对孩子说："听好，我要用提问题的方式来念儿歌《小杰克》。"然后这样念一遍。"很傻，是不是？"一开始，把这当成一个傻傻的、逗笑的表演游戏。接下来，按照新闻播报员的口吻念。然后，再按照每句话后面都有感叹号的方式来念。在念另一首儿歌，或者用不同方式念同一首的时候，让孩子加入进来。坚持做这项活动，有助于孩子区分疑问句、感叹句和陈述句。

怎么做

1. 大声说一个简单的句子："The cat sat on the mat."
2. 问问孩子："这个句子是在问问题，还是在说事情？"帮助他判断。
3. 给每种句子设定一个动作，比如，听到疑问句的时候夸张地耸肩，听到陈述句的时候摇手指。
4. 轮流说短句，并用设定的动作回应。可以利用下面这些句子：
   - 虫子会咬人吗?
   - 我的书有 4 章。
   - 我在挠蚊子咬的包。
   - 你想要个花生酱三明治吗?

后续活动

- 孩子能分清疑问句和陈述句之后，加入感叹句。这次设定的动作可以是蹦一蹦。

阁楼上飞进来一只蝙蝠！

这个故事太吓人啦！

赶紧带我走！

· 鼓励孩子听别人说句子的方式。你怎么分辨什么是疑问，什么是感叹，什么是陈述？我认识一位母亲是这样训练孩子辨别语调变化的：用开玩笑的方式换一种表达提问。"晚上吃什么，妈妈？"变成了"晚上吃什么？妈妈？""谁在敲门，金？"变成了"谁在敲门？金？"孩子听了就会咯咯笑个不停，并从中了解音调变化的细微区别——这是造句和使用标点符号前的重要准备工作。

活动用意

这个活动是在帮助孩子理解这个世界。对一些孩子来说，先注意到的就是书里的标点。当然，孩子能辨认字母，但单有字母不能帮助他理解整页书的意思。标点符号也是必要的。"嘿！"孩子说，"这个故事里有人在说话，在提问，变得很激动……告诉我他们在说什么！"于是你带上角色的语调，告诉孩子："你看见了一个问句，就在这里。"通过倾听，孩子已经理解了语调，而这项活动可以让他以动作表达这种语调，然后他就可以用符号将其表达出来。

进一步

给孩子做卡片：一个问号，一个感叹号，一个句号。按上面描述的方法进行这项活动，但是不用动作，而是举起对应标点符号的卡片。

小提示

让孩子看看问号，给他念问号前面的句子。

49 Body Language

肢体语言

用手势和声音“大声念出”标点符号，

会有非常有趣的效果。

你需要

你和孩子

前期准备

先让孩子知道标点符号包含信息，但口头语言中没有标点，然后再玩这个游戏。孩子问："你怎么知道我是在问你问题，还是在告诉你别人说的事情？"可以回答：语音语调、背景或是话语中有提示。例如，"我问……"或者，"他在喊……"

怎么做

1. 给孩子讲故事的时候带上动作，把动作当作标点符号：在念出一个问句后，在空中画一个问号；在带有情绪的叙述后，在空中画个感叹号；抬起双手，大拇指和食指向下表示前后引号。
   有个不错的故事，可以示范如何用动作来表示标点符号：
   咚咚咚。
   有人在敲小猪家的门。是谁呢？
   "谁在敲门啊？"小猪问道。
   "小猪，小猪，让我进屋！"大灰狼吼道。
   "别做梦了！"小猪回答。
   "那我就吹，使劲吹，把你的房子吹倒！"
2. 让孩子用同样的方式给你讲个故事。

后续活动

给标点加上音效。例如感叹号，可以先吹一声口哨，吹降调，然后顿一声，表示感叹号下面的那个点。

活动用意

> 你是在把口头语言中通常不可见的东西变得形象化，你是在把通常是图形的东西动作化。写作时要有目的地使用标点，你让孩子朝着这个目标迈进了一大步。

进一步

和孩子读一出简单的剧本。给他看作家是如何使用舞台说明、如何用斜体字表示强调，以及如何使用标点符号的。注意剧本中并不使用引号，它主要是口语。注意舞台说明是如何表现动作的。

小提示

上网搜索，给孩子看维克托·伯厄（Victor Borge）的口语标点表演录像。孩子会很乐意用自己的方式去学他表演。伯厄在表演中用了很多口技，提醒孩子注意。①

---

① 可以在 https://www.youtube.com/watch?v=Qf_TDuhk3No 找到例子。——译者注

50

桌游

Board Games

你和孩子已经不玩的桌游，

这个活动可以给它找到新用途。

你需要

一个有目标的桌游游戏，例如《糖果乐园》、跳棋、滑梯棋[①]；字母玩具或写在卡片上的字母；一个袋子

前期准备

收集一些字母玩具，放进袋子里藏起来。把老桌游摆出来。

怎么做

1. 按照以往的规则玩桌游。例如，如果玩跳棋，就按照跳棋的规则走子。不过，在每个玩家挪子之前，必须从袋子里取一个字母。
2. 取出字母后，玩家必须念出来，然后说一个用到这个音的单词。例如，孩子拿出了字母"s"，他就必须发 /s/ 的音，说一个带 /s/ 音的单词：snake，才可以走子。说过的单词要写下来，以免重复，同时也可示范拼法。
3. 玩家必须检查对方说的单词，看是不是用到了字母的发音。如果没有用到，对方这一轮不得走子。
4. 按正常的规则继续游戏，直到有人胜出或出局。

① 滑梯棋是一个掷骰子决定棋子行走步数的游戏，先走到终点者获胜。类似的桌游很多。——译者注

后续活动

按你们习惯的方式更改游戏规则。如果你和孩子不想用游戏比输赢，那就不比。《糖果乐园》可以一直玩下去，直到人人都走到糖果城堡。去掉那些让玩家回到起点的规则，或者组团游戏，互相帮助让大家都获胜。

活动用意

> 你不仅让孩子练习了发音和拼写，也帮助他理解了游戏的重点——游戏就是为了高兴，可以灵活行事，可以按照你们的需要改变规则。

进一步

和孩子一起打造你们自己的桌游，用海报板做一个桌游棋盘，让孩子在上面画一个大迷宫或是路线图。用圆形或方形贴纸，贴出落棋子的地方，还要在路上设置陷阱。获胜要给奖励。按照上面的方式，用这个游戏来锻炼语言技能。

小提示

任何游戏都可以用来强化语言技能。这里列出几个游戏供你挑选。

- 扭扭乐——每个颜色代表一个字母。如果指针指向红色，每个玩家必须说一个以那个字母开头的单词，这样才能放下手或脚。
- 捉人游戏——你来追孩子。就要追上的时候，他可以快速坐下来，然后说一个含有 /k/ 这个音的单词，避免被你捉住。
- 井字棋——画上九宫格。不用 X 或 O 代表棋子，而是用 L 和 P。要想在格子里放棋子，必须先说一个以那个字母结尾的单词。

Real Montessori
Education Starts at Home